Fuza Teshu Chanpin
Shouming Zhouqi Feiyong Fenxi Yu Yuce Yanjiu

复杂特殊产品
寿命周期费用分析与预测研究

基于服务外包项目价格选择

■ 常金平　著

知识产权出版社
全国百佳图书出版单位

图书在版编目（CIP）数据

复杂特殊产品寿命周期费用分析与预测研究：基于服务外包项目价格选择/常金平著.
—北京：知识产权出版社，2015.11
ISBN 978 - 7 - 5130 - 3687 - 0

Ⅰ.①复⋯　Ⅱ.①常⋯　Ⅲ.①产品寿命—设备时间利用率—费用效果分析—研究
Ⅳ.①F273.2

中国版本图书馆 CIP 数据核字（2015）第 177272 号

内容提要

本书以复杂特殊产品为研究对象，在研究大量文献的基础上，对当前复杂特殊产品寿命周期费用分析预测的国内外现状进行了比较研究，找出了我国复杂特殊产品费用控制存在的不足，并提出了改进和研究的方向，确定了创新点。

责任编辑：张筱茶　　　　责任出版：孙婷婷
封面设计：刘　伟

复杂特殊产品寿命周期费用分析与预测研究

基于服务外包项目价格选择

常金平　著

出版发行：知识产权出版社有限责任公司　　网　　址：http://www.ipph.cn
社　　址：北京市海淀区马甸南村 1 号　　　　天猫旗舰店：http://zscqcbs.tmall.com
责编电话：010 - 82000860 转 8180　　　　　责编邮箱：baina319@163.com
发行电话：010 - 82000860 转 8101/8102　　发行传真：010 - 82000893/82005070/82000270
印　　刷：北京中献拓方科技发展有限公司　　经　　销：各大网上书店、新华书店及相关专业书店
开　　本：787mm×1092mm　1/16　　　　印　　张：12
版　　次：2015 年 11 月第 1 版　　　　　　印　　次：2015 年 11 月第 1 次印刷
字　　数：178 千字
ISBN 978 - 7 - 5130 - 3687 - 0　　　　　　　定　　价：42.00 元

前　言

随着科学技术的飞速发展，集光机电于一体、融高精尖于一身的复杂特殊产品越来越多，并且其自身具备的自动化和信息化程度不断提高，功能和结构日趋复杂，但同时也带来了一些新问题，如其寿命周期费用不断增加、完好性难以满足要求等问题。这些问题不仅对国防科技和工业水平提出了挑战，同时也对复杂特殊产品的管理水平提出了更高的要求。为适应深化复杂特殊产品采购制度改革的要求，我国正在开展复杂特殊产品的预研、论证、研制、生产与保障的一体化管理方面的研究。在未来，对复杂特殊产品实施全系统、全寿命的一体化管理将是大势所趋。全寿命管理是运用系统工程理论和方法对复杂特殊产品从诞生到报废处理整个发展过程进行完整、统一的筹划和控制。复杂特殊产品全寿命周期的费用管理，是影响复杂特殊产品科学健康发展的重要因素。如何统筹安排有限的项目经费，开发出性能和可靠性满足要求、整体费用最低及总体性能最好的复杂特殊产品是决策者和管理者都关心的重要问题，也是目前在复杂特殊产品全过程、全方位管理中遇到的难点问题。

为了进一步提高复杂特殊产品研发和生产的效率，提升经费的使用效益，随着服务外包理论和实践的不断发展和成熟，在复杂特殊产品的研发和生产过程中，需要对一些平台软件的开发、非核心硬件的生产和某阶段的服务实施有效服务外包，但在具体的实施过程中，如何选择服务外包项目，如何确定服务外包项目的价格，成为摆在复杂特殊产品项目管理过程中的一大重点和难点问题。由于复杂特殊产品的复杂性和特殊性，势必要求在服务外包项目的选择和定价中充分考虑和研究复杂特殊产品寿命周期费用，因此，基于服务外包项目的选择和定价，对于复杂特殊产品的全寿命周期费用进行分析和预测显得尤为重要。

本书首先以复杂特殊产品为研究对象，在研究大量文献的基础上，对当前复杂特殊产品寿命周期费用分析预测的国内外现状进行了比较研究，找出了我国复杂特殊产品费用控制存在的不足，并提出了改进和研究方向，确定了创新点。并从大量的历史数据入手，引入动态费用的概念，给出了动静态费用计算方法以及论证和研制费逐年分配方法，确定了费用计算的基本条件、费用建模的基本方法、费用数据的收集和计算方法，并对复杂特殊产品典型寿命周期、费用时间价值因素、论证与研制费的逐年分配方法和大、中、小修次数进行确定和研究。

然后，在深入研究基本方法的基础上，从复杂特殊产品管理的实际现状出发，对全寿命周期的概念和相关理论进行研究，界定了寿命周期费用结构体系的阶段划分，提出了建立费用结构体系的基本原则；分析了典型硬件系统构成，提出了复杂特殊产品费用结构体系，该费用结构体系主要包括论证研制费用、采购费用、使用保障费用和退役处置费用四个部分。

其次，通过建立科学的费用结构体系，界定各个阶段的费用内涵，针对不同阶段的特点分别进行分析和建模。在充分分析论证费用数据的基础上，提出论证专项费预算模型和论证工资模型并进行了实证研究；在充分分析科研费用数据的基础上，针对不同复杂特殊产品的不同特点，确定了A种复杂特殊产品的七个关键因子，该复杂特殊产品配套产品的五个关键因子，分别建立了研制费预算模型并进行了可行性分析，鉴于科研费对寿命周期费用起着决定性作用，着重对科研费用的控制方法进行了研究；在充分分析复杂特殊产品采购费用数据的基础上提出复杂特殊产品采购费预算模型和配套复杂特殊产品采购费预算模型，并进行了有效性验证；结合复结特殊产品的实际运用情况，立足现有复杂特殊产品特点和保障维修现状，给出了使用费用和维修费用工程估算法和模型。最终形成了一套较为完善的复杂特殊产品寿命周期费用分析预测体系。并选取具有典型代表性的 A 种复杂特殊产品进行实证研究，通过给出的各阶段模型，对 A 种复杂特殊产品的寿命周期费用进行分析和预测，计算出各阶段的费用和不同时间内的寿命周期费用，分别与已发生费用进行比较，算出误差率，以进一步确认预测模型的准确性和适用性；通过对 A 种复杂特殊产品成建制单位进行寿命周期预测，发现了各阶段费用随时间变化的规律，找出了最佳的经济寿命周期，为复杂特殊产品管理和决策部门提供依据和参考，亦可为服务外包项目的价格提供依据。

目　录

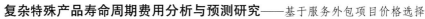

第1章 绪 论

1.1 论文研究的背景

复杂特殊产品作为现代科学技术集大成者，是提高生产效率的物质基础，是提高社会生产力的重要组成部分。在社会需求的有效牵引和科技进步的强力推动下，复杂特殊产品的科技含量也越来越高。诸如自动化程度和电子化程度越来越高，各种先进技术的交叉与融合越来越紧密，网络控制和卫星指挥逐渐得到应用，复杂特殊产品所组成的系统将更加强调协调发展，对新概念复杂特殊产品的研究得到高度重视。然而，我们必须清醒地看到，这些具有高科技含量的复杂特殊产品之"高"，既在于技术含量高、产品性能高，当然也包含着费用投入高。随着复杂特殊产品的复杂程度的不断提高，各阶段的费用急剧增加，给世界各国带来了前所未有的压力，直接威胁到复杂特殊产品的持续发展。因而，如何在提高产品技术水平和指标性能的同时，有效控制费用上涨，走经济有效的发展之路，是目前各国所面临的共同问题，也是当前的一个研究热点问题。

目前，我国正在集中力量进行经济建设，科学技术全面发展，科研经费需求量很大，而国家经费的投入非常有限。而在鼓励全民创业万众创新的当今时代，我们必须有效解决加速发展的战略目标与有限的经费投入之间的突出矛盾，走经济发展之路，使复杂特殊产品总体性能最优，寿命周期费用最低。复杂特殊产品的现代化发展，不仅取决于技术能力，更取决于如何避免重蹈国外技术性能提高带来费用大幅上升的老路，而且随着国家经济体制改革的不断深化，复杂特殊产品的费用问题突出地成为采购方和承制方的利益均衡点。复杂特殊产品的费用因素、质量、进度的影响和制约作用越来越明显，因此，高度重视费用问题，深入研究分析降低装备寿命周期费用的有效途径显得尤其重要和迫切。只有这样，才能从根本上优化使用有限的科研、采购和维护费用，以最低的经济代价，取得最优的社会效能。

随着科学技术的飞速发展，复杂特殊产品的自动化、信息化程度不断提高，功能和结构日趋复杂，但同时也带来了一些新问题，如产品的寿命周期费用不断增加、完好性难以满足要求等问题。这些问题不仅对科技和工业水平提出了挑战，同时也对复杂特殊产品的管理水平提出了更高的要求。为适应时代的要求，有关学者开展了复杂特殊产品的预研、论证、研制、生产与保障的一体化管理方面的研究。在未来，对复杂特殊产品实施全寿命的一体化管理将是大势所趋。全寿命管理是运用系统工程理论和方法对复杂特殊产品从诞生到报废处理的整个发展过程进行完整、统一的筹划和控制。这一过程主要包括全寿命周期的费用管理和全寿命技术管理。寿命周期费用主要是指系统产品在预计的有效寿命期内，在预研、设计、研制、生产、使用、维修和保障过程中已经或者将要承担的、直接的和间接的、经常的和一次性的费用以及其他相关费用的总和。复杂特殊产品全寿命周期的费用管理，是影响复杂特殊产品良性发展的重要因素。如何统筹安排有限的项目经费开发出性能和可靠性满足要求、费用承受得起的产品，是决策者和管理者都关心的重要问题，也是目前管理中的难点问题。

现阶段，由于加快了现代化建设的步伐及社会发展和时代进步的需要，使各种复杂特殊产品的更新换代速度明显加快，大批的高科技复杂特殊产品的研制项目纷纷开始上马。众所周知，复杂特殊产品在其研制、生产和使用保障直至报废的整个寿命周期中，耗费的资金是非常巨大的，立项与论证费、研制费只占整个产品寿命周期费用很小的一部分，通常仅为寿命周期费用的 15%；而生产费用通常占 35%、使用保障费用通常占50%，这两部分费用在整个寿命周期费用中所处的地位甚至更为重要。如果仅考虑研制费用而忽略了生产和使用保障的费用，就有可能出现买得起、用不起的现象。因此，在新的复杂特殊产品的研制和设计中，不能只考虑要付出多少研制费用，而需要将整个寿命周期费用都作为研制和设计考虑的因素。国内外复杂特殊产品研制费用超支现象相当普遍。比如，20世纪 80 年代末，法国、意大利、德国、荷兰 4 国开始研制的于 20 世纪 90年代使用的 NH - 90 直升机，研制费用预计为 18 亿 ~ 19 亿美元，后增到25 亿美元，因经费不足，不得不推迟进度并被迫降低指标；又如，美军 20世纪 80 年代初开始的 A - 12 隐身舰载攻击机研制计划，研制工作进行到1991 年已耗费了 51 亿美元。按当时情况预估，到工程研制阶段结束时将耗资 86 亿美元，超过研制合同经费（43.8 亿美元）近 1 倍。而且许多技术问题仍未过关，最终不得不宣布取消该机发展计划，造成了重大损失。另据英国国家审计局发表的《1998 年度国防部主要项目报告》显示，项目延期交付、经费超预算是英国研制项目中存在的最大问题，截至 1998 年 6月 30 日，正在进行的 25 个大型采办项目中，大约 16 个经费超预算。

面对复杂特殊产品研制费用居高不下且超支严重的现实，世界各国在减少和控制研制费用方面进行过很多有益的探索，发展了包括定费用设计、可靠性提高保证和全寿命费用采购等费用控制的方法和技术。然而，复杂特殊产品费用的超支问题仍得不到有效解决，成为困扰主管部门的重大难题之一。

目前对于复杂特殊产品费用的论证和预算主要以传统的费用—效能分析方法为主要的指导思想。这种思想以性能指标设计为中心，在几个设计备选方案中选择效费比最高的设计方案作为决策结果。其主要缺陷在于，备选方案的费用完全由设计指标（主要是性能指标）所决定，费用是设计的一个输出结果，如果费用超过了经费可以承受的限度就只能重新进行设计，然后再进行费效分析，直到满足要求为止。因此在考虑复杂特殊产品的费用时，必须通过设计迭代的方式进行方案的优选，这样就有可能对人力、物力、财力造成较大的浪费，并有可能延长论证、设计的时间。同时，在复杂特殊产品的很多项目中仅考虑了系统的研制费用，而没有全面考虑产品的寿命周期费用，这样就有可能造成买得起、用不起的现象，造成复杂特殊产品寿命周期费用的失控；此外，还有一些项目片面追求技术性能的先进性，而不考虑其可靠性和寿命周期费用问题，这样对复杂特殊产品的发展和应用都是极为不利的。

1.2 论文研究的意义

复杂特殊产品全寿命周期费用投入巨大，使得发达的经济强国也往往不堪重负。中国是发展中国家，经费投入十分有限，更加迫切地需要对复杂特殊产品寿命周期费用问题进行研究，有针对性地对复杂特殊产品寿命周期费用进行有效的分析与预测，以达到合理管理与控制的目的。

复杂特殊产品寿命周期是指产品从开始论证到报废全过程所经历的时间。寿命周期费用是指在产品寿命周期内，为产品的设计论证、工程研制、定型、生产、使用与保障以及报废等付出的直接的、间接的、重复性的、一次性的以及其他费用的总和。整个寿命周期费用的分析预测是一项庞大繁复的工作，涉及的问题和需要考虑的因素很多，与科研、生产、采购、运输、保养、环境等各项工程紧密相连。因此，要建立可靠合理的预算模型并得到较为精确的计算结果是一件十分困难的事情，在预算过程中有许多技术问题需要处理。而资料表明，通常复杂特殊产品的寿命周期包括 7 个阶段：立项论证阶段、方案探索阶段、演示验证阶段、全面研制阶段、生产/部署阶段、使用保障阶段以及报废阶段。据美国 B - 52 飞机寿命周期费用研究，各个阶段对寿命周期费用的影响是：研制阶段之前能影响 85%，研制阶段能影响 10%，生产阶段能影响 4%，到使用阶段只能影响 1%。因此对于不同产品，各阶段对费用的影响程度是不一样的，但是基本规律是一致的，即寿命周期费用主要取决于论证研制阶段。

针对目前复杂特殊产品管理中存在的问题，基于复杂特殊产品寿命周期费用控制的重要性，本文通过复杂特殊产品寿命周期费用分析和预测研究，探索符合实际管理需求的复杂特殊产品寿命周期费用分析与预测方法，这不仅促进寿命周期费用管理理论的发展，而且为提高复杂特殊产品经费的使用效益提供理论指导和方法支持。同时，为复杂特殊产品寿命周期费用的预测提供有价值的参考。具体说来，复杂特殊产品寿命周期费用分析预测研究的意义在于：

第一，有利于纠正人们在复杂特殊产品经费的使用和管理观念上的偏差。联系实际，长期以来，我们在发展和评价某复杂产品时，往往只着眼于技术性能指标，着眼于产品的质量，而对费用问题未予以足够的重视。通过复杂特殊产品寿命周期费用分析预测研究，挖掘影响复杂特殊产品寿命周期费用的潜在因素，并探索出有效措施加以防范和应对，从而可提高相关人员的风险意识，使他们管好经费，用好经费。

第二，有利于复杂特殊产品的合理规划。复杂特殊产品寿命周期费用不仅是一个费用综合参数，也是经济可行性研究的综合指标。而复杂特殊产品寿命周期费用分析，不仅是一种系统分析的方法，也是一种科学管理的工具。因此，开展复杂特殊产品周期费用分析的根本目的就在于准确地预算某种复杂特殊产品的寿命周期费用，为复杂特殊产品的"费用""效能"和"时间"的综合决策提供准确可信的费用信息依据，从而达到优化设计、保障、使用和维修等方案的目的，合理地控制复杂特殊产品的寿命周期费用，最终实现复杂特殊产品合理高效地快速发展。

第三，提高复杂特殊产品经费控制的针对性。通过对复杂特殊产品寿命周期费用分析预测研究，找出影响复杂特殊产品寿命周期费用的关键因素，从而为主管部门科研经费使用决策提供科学依据，同时可以在经费的管理上分清重点与非重点，有针对性地对风险较大的环节加大监管力度，减少风险损失，以提高有限经费的使用效益。

第四，提高复杂特殊产品先期论证及各阶段决策的科学性、合理性。通过复杂特殊产品寿命周期费用分析预测研究，建立复杂特殊产品寿命周期费用的科学预算体系，选择适当的方法对各阶段费用进行分析预算，将其作为复杂特殊产品先期论证决策的重要依据。通过费效比分析，判断为获得该产品的实际效能而付出相对巨额的费用是否值得，进而得出复杂特殊产品研制继续、暂停或撤销的结论。

1.3 国内外研究现状

1.3.1 国内外费用预算方法研究现状

寿命周期费用方法正式进入决策系统是在 20 世纪 60 年代初美军建立并实施《规划—计划—预算系统》（PPBS）时，建立此系统是为了把过去脱节的制订规划与编制预算联系起来，使军事需求与费用和资源分配挂上钩，并达到以尽可能减少的费用实现保证国家安全的武装力量的总目标。到 20 世纪 70 年代，美军更加重视寿命周期费用，在制定了一种新的可担负性采办政策的同时，狠抓寿命周期费用管理。到了 20 世纪 80 年代，寿命周期费用法已经应用到了许多国家。

目前，参数费用估算法是国际上费用估算中应用得最广泛的方法。兰德公司在 1950 年成立了专门的费用分析部门，该部门对费用分析理论和方法的发展做出了很大贡献。在 20 世纪 50 和 60 年代进行了大量关于太空飞机方面的费用估算，提出了很多费用估算的基本方法，例如，费用估算关系式（CER）、费用学习曲线等，奠定了参数费用估算的基础，并在空军计划实践活动中得到了广泛应用，从而得到了很多有用的费用估算方程。后来美国 DOD 和 NASA 逐渐开始运用参数费用估算法来估算新项目的费用。在过去的几年中出现了很多专门从事费用估算的组织，如 ISPA（International Society of Parametric Analyst）、SCEA（Society of Cost Estimating and Analysis）、SSCAG（the Space Systems Cost Analysis Group）等，这些组织和 DCMC（Defense Contract Management Command）、DCAA（Defense Contract Audit Agency）一起进一步发展和完善了参数费用估算法在项目费用估算中的应用，并在实践中验证了参数费用估算法是一种有效的费用估算方法。

除了参数法以外，国际上应用较广的还有工程估算法、类比法、外推法等。另外，像专家判断估算法（Delphi 法）、厂商报价法、仿真模型估算法等费用估算方法也时常被人们使用，但使用的频率较小。

国外在研究费用估算理论和方法的基础上，开发了一系列费用估算工具和软件。美国 DOE（Department of Energy）开发了专门用于估算运输费用的模型软件 TRANSCOST；卡内基梅隆大学的软件工程研究所开发了软件费用估算工具 COCOMO - 2；NASA 开发了一系列费用估算工具，包括 COTS 和 GOTS 两类，其中 COTS 模型包括：PRICES（用来估算软件费用）、PRICEH，HL，M（用来估算硬件费用）、SEER - SEM（用来估算软件费用）、SEER - H（用来估算硬件费用）；GOTS 模型包括：NAFCOM

（NASA/Air Force Cost Model）、SVLCM（Spacecraft/Vehicle Level Cost Model）、AMCM（Advanced Missions Cost Model）、AATE（Architectural Assessment Tool – Enhanced）、USCM（Unmanned Spacecraft Cost Model）、MESSOC（Model for Estimating Space Station Operations Costs）、SCT（Software Costing Tool）、SSCM（Small Satellite Cost Model）等。

我国对复杂特殊产品费用的增长情况有些类似于美国 20 世纪六七十年代的情况：某些国家级重点产品的费用增长也在 100% 以上。但由于我国产品的研制、生产和保障基本实行计划管理，费用分析工作一直比较粗糙、薄弱，寿命费用分析更是明显落后。

由于对寿命周期费用分析的研究较晚，长期以来，我们往往只重视性能指标，而对费用问题未予以应有的重视。进入 20 世纪 80 年代，随着国外寿命周期费用理论的传入，我国于 20 世纪 90 年代初开始进行寿命周期费用的研究。我国开始编制寿命周期费用的有关标准，最早是从 20 世纪 90 年代初，由总参四部组织、空军雷达学院主编的《军用雷达寿命周期费用估算手册》和《电子对抗装备寿命周期费用估算》两项国家军用标准开始的。然后，由总参兵总部提出、装甲兵工程学院主编的《武器装备寿命周期费用估算》国家军用标准（GJBz20517 – 98）于 1998 年 12 月颁布实施。这说明我国对费用估算已经有了一定程度的重视。

近 30 年来，一批关于寿命周期费用的国军标、专著问世，并在实践应用上取得了一些进展。但在复杂特殊产品的研制、生产订购、维护使用之中，还没有真正实行寿命周期费用管理，更谈不上系统地分析预测研究。另外，国内寿命周期费用的研究大多是针对某产品某一阶段或全系统级的费用模型，发表了一些论文和研究报告，但其规模和水平远远落后于需要，研究内容也只涉及某些局部，对使用、生产阶段的备件和人员配置费用等研究得较少。没有一套大家基本认同的费用估算方法、模型、准则和指标体系。

1.3.2　国内外费用理论的研究现状

通过对文献研究发现，目前美国关于费用控制的最新研究成果就是

CAIV（Cost As Independent Variable，费用作为独立变量）理论，即以费用作为一个独立变量，在产品研发设计中综合考虑。下面着重介绍 CAIV 理论与方法现状。

1995 年 7 月 19 日，当时的美国国防部副部长 Paul Kaminski 在颁布的一份备忘录中指出："我已建立了一个过程，使得在项目决策中以费用为独立变量，并在每一个项目阶段都确定费用目标。"这标志着 CAIV 概念的正式提出。从那时起，美国国防部开始在采办项目中实施 CAIV 方法，并从实践中不断取得经验来完善和发展 CAIV 的理论。

CAIV 概念提出之后，美国国防部指定了 8 个示范项目（Flagship Programs）来实施 CAIV 模型的示范性研究。这 8 个项目是：陆军战术导弹系统/Brilliant 反坦克导弹（ATACMS BAT）；"十字军战士"（CRUSADER）先进野战炮兵系统；空空拦截导弹 AIM－9X；多功能信息发布系统（MIDS）；天基红外线系统（SBIRS）；联合远程攻击导弹（JASSM）；可弃式运载火箭（EELV）以及联合攻击战斗机（JSF）等。通过这些示范项目，研究 CAIV 存在的问题和解决措施。例如：Don Gaddis 在研究了 CAIV 方法在 AIM－9X 项目中的应用情况后，提出在 CAIV 策略中可以采用一些辅助的技术提供支持，如一体化产品与过程开发（Integrated Product and Process Development，IPPD）、利用关键性能参数来确定最低作战需求、费用与性能间的权衡、制订积极的采购单价目标等。他还对 AIM－9X 项目中一些有益的经验进行了总结，如在方案探索阶段结束之前可以开展权衡研究和风险管理，在演示与验证阶段可以进行权衡研究、制订各阶段费用目标、风险管理、提供激励措施等工作。

R. J Hartnett 与 D. R. Mittlesteadt 等人研究了在 JSF 战斗机研制过程中实施 CAIV 的情况，提出了将建模与仿真技术应用于 CAIV 过程中可以有效降低产品的寿命周期费用，并列举了 JSF 在计划制订和风险降低阶段所采用的核心模型，如 JIMM、LCOM、ESAMS 等，这些模型通过计算机仿真确定了 JSF 的采办需求和费用的估算，为实施 CAIV、降低总费用做出了很大贡献。

此外，美国海军陆战队的高级两栖突击战车项目在 1998～2002 年的系统发展过程中，也总结出了一些经验教训：如果没有真正的性能规范，就不能采用 CAIV；大多数工程师缺乏费用估算方面的经验，费用估计工具对于工程师来说太慢了；在方案探索阶段结束之前建立采购费用目标是一个好主意；在演示与验证阶段结束前建立使用和保障目标并不是一个好主意。

2002 年，当时的国防部副部长 E. C. Aldridge 将 CAIV 方法确立为各采办项目需要执行的首要准则，"在采办过程和后勤保障过程中获得可靠性和性能"。在这个指导原则下，2002 年美国国防部 100% 的国防项目都增加了 CAIV 计划，用 CAIV 计划和渐进式开发计划替代了旧的采办计划。同时，Aldridge 指出国防部计划的管理者必须将 R - TOC 工作组所制定的样板作为开发这些计划的指导性文件。这个样板就是《CAIV 样板》（*CAIV Templates*），它于 2002 年 6 月 3 日颁布。

CAIV 样板主要是为各国防采办项目制定 CAIV 计划时提供一个指南，强调 CAIV 在实际应用时需要注意的一些关键问题。在 CAIV 样板中，分别针对新研系统和系统升级的采办计划、系统研制和验证过程的采办计划、系统生产和部署阶段的采办计划提出了 CAIV 实施的指南。例如，对于新研系统的 CAIV 计划，模板规定了 7 个主要步骤，按照这些步骤执行，就能够建立起完整的 CAIV 实施方案，为整个项目的费用管理提供依据。

在 CAIV 的示范项目及样板研究的基础上，美国国防部及一些研究机构的学者对 CAIV 的原理和管理方法又做了一些深入的研究。Michael A. Kaye 上校等人分析了 CAIV 方法的原理，介绍了一个 CAIV 的管理模型，该模型以系统的费用、进度、性能和风险的权衡为核心，并依赖于 5 个方面的支撑技术：以能力为基础的需求（Capabilities - Based Requirements）、各方共同参与和激励措施（Partnering & Incentives）、聚焦拥有总费用（TOC/LCC Focus）、风险管理（Risk - Based Management）、CAIV 度量（Measurement）。Henry Apgar 研究了 CAIV 的基本概念，将 CAIV 方法与传统的确定武器系统性能与费用的过程进行了比较，并研究了 CAIV 方法在系统顶层费用与性能权衡研究的基本原理和主要流程。2003 年，空军上校 Marc. Lewis 研究将渐进式采办策略与 CAIV 方法结合起来，提出了一种多属性的设计过程,从而能将渐进式采办过程和 CAIV 过程所需的各种有限资源以更为合理的方式进行分配。2006 年,Michael Boudreau 对美国国防部修改后的国防采办政策进行了分析,针对美国国防部机构的调整和各部门职能的变动,对新政策下如何实施 CAIV 方法进行了研究。

CAIV 方法在其付诸实践的十余年里,在美国国防部的积极推动下已经应用于多个采办项目,取得了一些较好的业绩,例如,风修正武器布撒器的研制成本降低 25%,生产成本降低 33%,保持了 100% 的性能,联合直接攻击弹药以计划成本的 50% 实现了性能要求;联合远程攻击导弹项目中使每枚导弹生产成本降低了 100 万美元;在 B − lB 轰炸机改进项目中使得飞机可靠性提高,使用和保障费用减少五六千万美元/(架·年)等。

1.3.3　全寿命周期费用管理技术的发展进程

20 世纪 70 年代,美国国防部提出了可承受性的采办政策,要求采办的武器必须负担得起费用。为了狠抓寿命周期费用的管理,颁布了一系列的标准和指令以推行寿命周期费用技术及应用。这些文件规范了寿命周期费用的定义、估算、分析、评价方法和管理程序等,明确规定"寿命周期费用估算必须尽早进行,虽然此时有用的信息很少,但决策却要在寿命周期的早期作出"。他们在此时已经认识到装备在寿命周期各阶段所花去的费用,从用途上看各不相同,貌似相互独立,但实际上彼此之间密切相关,特别是早期的决策对寿命周期费用有着决定性的影响。他们还把寿命周期费用视为一个管理问题,管理的目标是控制装备的总费用,而不是某些单项费用,因而决不能以传统的最低采购价格作为决策准则,而必须以全寿命周期费用最低为准则。这是在费用概念和意识上的大变革、大飞跃,最终带来了巨大的费用效益。20 世纪 80 年代以后,寿命周期费用概念和技术在广泛应用的基础上走向了成熟和国际化。例如,在 1987 年 11 月国际电工委员会颁布了《寿命周期费用评价——概念、程序及应用》标准草案,并于 1993 年 1 月建议在国际上应用。我国在 1992 年 2 月颁布了《装备费用——效能分析》国家军用标准,其中所指费用就是寿命周期费用。到了 1996 年 9 月国际电工委员会颁布了 IEC300.3 − 3《寿命周期费用评价》标准，并成为 ISO 9000 质量管理和质量保证标准的重要组成内容。1998 年 8 月，我国颁布了《武器装备寿命周期费用估算》军用标准等。除了制定标准推行寿命周期费用外，从行政上也提出了严格要求。1996 年 6 月美国总统发布行政指令，规定"在制定有关产品、服务、建造和其他项目的投资决策中，应采用寿命周期费用"，其目的是"减少政府费用以及能源与水资源的消耗"。于此前后，美军推行的第二次军事采办事务改革，把进一步聚焦于减少寿命周期费用作为首要举措，提出"费用作为独立变量"的新理念，把费用真正放在了与性能和进度同等重要的地位，成为一个自变量而不是最终结果的因变量。这一切均说明了寿命周期费用技术的确有巨大效益和发展潜力。

我国开展寿命周期费用研究起步较晚，寿命周期费用资源、数据特别匮乏，并且所做的研究主要集中在对产品的研制与生产阶段的费用的研究上，使用保障费用数据难以收集，而且数据因素不稳定，具有很强的随机性与模糊性。但近年来，我国开始积极引进国外的先进科学技术，寿命周期费用分析方法在不少单位开始被应用并取得了一批成果。中国设备管理协会于 1987 年建立了设备寿命周期费用委员会并召开了首届学术会议，在产品的研制和采购中起到了一定的指导作用，但与国外相比，我国的寿命费用分析工作还处于比较落后的状态。

1.3.4　全寿命周期费用的影响因素

为了更加清晰直观地说明复杂特殊产品阶段费用对寿命周期费用的影响，图 1 – 1 给出某复杂特殊产品各阶段活动的实际耗资及各阶段对寿命周期费用的影响曲线，并给出了费用预测不确定度的分布情况。

从图 1 – 1 可以看出，在研制阶段早期到全面研制结束，实际耗资只是全寿命费用的 10%，但该阶段对全寿命费用的影响却高达 95%。这充分说明，复杂特殊产品的研究、开发质量对寿命周期费用具有规定性，并起着决定性的作用。尽管使用与保障费用在全寿命周期中所占比例最大，但是复杂特殊产品的全寿命周期费用在生产阶段前，已由论证、研制先天地确定了，到了生产阶段降低的余地就很小了，到了使用阶段，复杂特殊产品的构型和性能都已确定，降低全寿命周期费用的余地就更小了。因此，加强复杂特殊产品的前期评估和论证研制阶段的分析和预测，正确处理好寿命周期费用与性能、进度和质量的权衡更为重要。

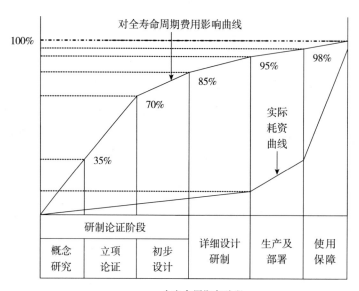

图 1-1　决策进程及对寿命周期费用的影响

1.3.5　目前研究中存在的问题

国内对复杂特殊产品寿命周期费用分析预测研究的方法落后，现有的全寿命周期费用预算方法存在诸多问题。更缺少针对各专项产品特点并结合现有历史数据的系统研究。因此，在目前的研究中还存在如下几个方面问题。

（1）定性分析多于定量分析，且偏重于定性分析。在定量分析中，由于缺乏全面准确和详细的费用数据，缺乏规范的估算方法和估算准则，所得到的估算结果往往粗糙、笼统，准确度和置信度很低。对于主管部门来说，由于这种估算不能准确地把握费用总量、费用关系、费用要素和费用规模，因而难以起到科学地安排计划、控制费用的作用，也很难作为费用管理的依据。

（2）费用模型的建立多依赖于假设推理，缺乏扎实的数据支撑。全寿命周期费用的研究虽然有了一定的规模并且取得了很大成绩，但还不能满足实际需要。研究的内容只涉及了某些局部，既不全面也不规范，研究的方向只重视费用模型的研究，并且模型的建立多依赖于假设推理，缺乏真实有效的数据支撑，从而很难在产品费用管理上加以运用，也不能解决费用管理中存在的诸多问题。

（3）偏重于产品购置费和使用保障费研究，对论证研制阶段研究得不够深入。根据帕累托定律，占全寿命费用15%的设计、研制费用，影响到全寿命费用的90%左右。而目前只把购置费和使用保障费用分析和管理作为重点，而轻视产品寿命周期费用监控，特别是不重视论证研制阶段费用的预先研究。其结果是生产阶段的努力尽管可以降低费用，但不能从根本上改变费用结构，也就无法弥补先天决定的费用缺陷。因此，不能有效解决复杂特殊产品寿命周期费用过高和价格只涨不降的趋势。

（4）费用数据的采集与处理方法不当，不能满足实际需要。从国内研究文献来看，对费用数据的处理大多采用的是静态费用，没有充分考虑经济发展和物价指数等因素，然而，复杂特殊产品全寿命周期跨度长达几十年，如果不考虑经济发展因素，所得出的结果势必与实际情况差距很大，难以成为产品管理部门决策的参考依据。

（5）研究对象不够具体，针对性不强，没有建立科学的费用结构体系。大多数有关费用估算预测的文章研究对象比较宽泛，缺乏针对性和系统性，而且多偏重于方法研究，很难在工程实践中得到应用。此外，针对某类复杂特殊产品也没有建立科学的费用结构体系，在实证研究方面缺乏必要的数据支撑，得到的结论可信度较差。

1.4　研究内容、框架和方法

1.4.1　主要内容及框架

本论文以复杂特殊产品为研究对象，从大量的历史数据入手，并引入动态费用的概念，通过建立科学的费用结构体系，界定各个阶段的费用内涵，针对不同阶段的特点分别进行分析和建模，给出了费用数据的收集和计算方法。鉴于研制费用在产品寿命周期费用中所起的决定作用，对产品研制费用的控制进行了专门研究，最后形成了一套较为完善的复杂特殊产品寿命周期费用分析预测体系，并结合典型复杂特殊产品进行了实证研究，得出了较符合产品运用实际的研究结论。

第 1 章绪论部分，在研究大量文献的基础上，对当前寿命周期费用分析、预测的国内外现状进行了比较研究，找出了我国产品费用控制存在的不足，并提出了改进和研究方向，确定了创新点。第 2 章分析了复杂特殊产品全寿命周期过程中所涉及的服务外包问题，并对服务外包内涵和外延以及产品费用的影响进行了论证。第 3 章为复杂特殊产品寿命周期费用的分析方法研究，对某复杂特殊产品的典型寿命周期、规模、速度进行确定和研究，给出了动静态费用计算方法及论证并对研制费逐年分配方法进行了研究，确定了费用计算的基本条件，提出了费用建模的基本方法，为后续研究奠定了坚实基础。第 4 章为复杂特殊产品寿命周期费用结构体系的建立，界定了寿命周期费用结构体系的内涵，提出了建立费用结构体系的基本原则，分析了典型硬件系统构成，最后提出了复杂特殊产品费用结构体系。第 5 章为复杂特殊产品论证费的分析及建模，在充分分析论证费用数据的基础上，提出论证专项费预算模型和论证工资模型并进行了实证研究。第 6 章为复杂特殊产品研制费的分析及建模，在充分分析论证费用数据的基础上，提出研制费预算模型并进行了可行性分析，并对科研费用的控制方法进行了研究。第 7 章为复杂特殊产品采购费的分析及建模，在充分分析采购费用数据的基础上，提出复杂特殊产品采购费预算模型和配套产品采购费预算模型，并提出初始保障费用工程估算法。第 8 章为复杂特殊使用与保障费的工程估算法及模型，给出了使用费用和维修费用工程估算法和模型。第 9 章典型复杂特殊产品寿命周期费用预测实证研究，对具有代表性的复杂特殊产品 A 和成建制产品 A 进行寿命周期预算，并对结果进行分析。最后结论，对本论文研究所取得的成果进行认真归纳，并指出未来仍需进一步研究方向和趋势。框架如图 1－2 所示。

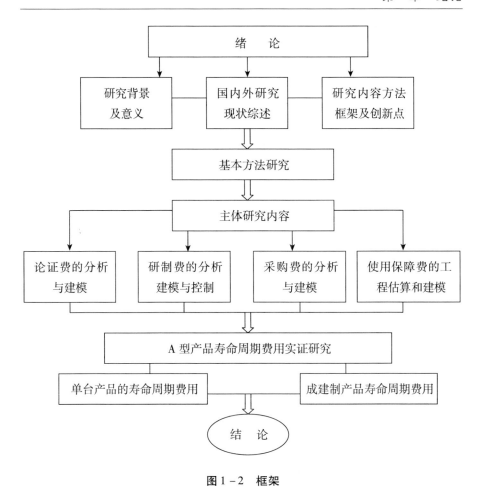

图 1-2 框架

1.4.2 研究方法

目前,国内外关于复杂特殊产品寿命周期费用分析预测的研究还比较少,同时由于寿命周期费用的复杂性和动态性,因而需要大量的历史数据作为研究的支撑,去伪存真、去粗取精,才能抽象出寿命周期各个阶段的费用预测模型,从而得到较为科学合理的寿命周期费用。因此,本文以某复杂特殊产品为研究对象,从历史情报数据入手,利用 Matlab6.5 中的 Curve Fitting Toolbox 组件工具,综合运用系统分析归纳、文献阅读与分析、模型建构、专家调查和实证研究的方法。在论文的研究过程中,不仅特别注意综合应用多种方法,更加注意各种研究方法的合理性,以便获得更好的研究效果，其研究方法具体运用如下：

（1）系统分析归纳法。系统论要求从整体观点出发，全面地分析系统的要素与要素、要素与系统、系统与环境、此系统与它系统之间的关系，从而把握内部联系和规律性。本文在逻辑结构的构建、层次的划分、复杂特殊产品寿命周期费用结构体系的建立和复杂特殊产品寿命周期各阶段费用估算模型的构建等，始终贯彻了系统论的思想。

（2）文献阅读与分析法。通过对寿命周期费用相关文献的梳理，本文理清了目前关于产品寿命周期费用问题研究的现状，找出了目前研究存在的不足，确定了复杂特殊产品寿命周期费用的分析预测作为本文的研究主题。本文在研究复杂特殊产品寿命周期费用分析的基本方法、复杂特殊产品寿命周期各阶段的划分和复杂特殊产品的特点，在建立科研费用和采购费用模型时关键因子的选取等，都用到了文献阅读与分析法，获得了本研究所需要的理论和支撑材料。特别是在进行复杂特殊产品 A 寿命周期费用实证研究过程中，通过大量的文献资料分析获得了复杂特殊产品 A 寿命周期费用的相关研究数据和资料。

（3）模型构建法。对于老旧复杂特殊产品来说，寿命周期费用数据不全或难以收集；对于新型产品来说，寿命周期的某些阶段尚未经历，更谈不上费用数据信息积累；而对于复杂特殊产品寿命周期费用分析预测来说，越早进行研究效果越好，越能为产品管理和决策部门提供参考与依据。为解决上述矛盾和问题，本文构建了各阶段的费用估算预测模型。例如，为了更好地估算复杂特殊产品的研制费用，通过分析选取了与研制费用息息相关的七个重要指标，建立了复杂特殊产品研制费用估算模型，使研制费用与复杂特殊产品的主要性能指标建立必然的联系，从而达到了预期研究目的。

（4）专家调查法。为了获得本论文研究所需要的大量研究数据，笔者花费了大量的时间，走访了相关研究论证单位和生产厂家，与各单位的论证专家、设计专家、使用维护专家、维修保障专家等各方面的技术专家进行了深入的交流和访谈，并通过问卷的形式，得到了大量的一手数据和资料。同时，利用自身的工作平台，从兄弟单位获得了很多宝贵的材料。这些数据和材料为本文的研究提供了很好的支撑。

（5）实证研究法。实证研究对于具有工程运用前景的研究课题来说，是必不可少的一环，本论文在对复杂特殊产品论证研制费用预测模型、采购费的费用预测模型和使用保障费的工程估算法进行研究的基础上，选取了具有代表性的复杂特殊产品 A 进行实证研究，分析预测该产品的寿命周期费用，既验证了各阶段模型和方法的有效性，又能通过研究，找出复杂特殊产品 A 的寿命周期费用各阶段的规律。

1.5　论文的特色及创新之处

（1）构建了一套科学实用的复杂特殊产品寿命费用结构体系，形成了完整的寿命周期费用预算分析方法。在借鉴和继承以往研究成果的基础上，依据寿命周期费用分析理论，在广泛调查、收集和整理各种费用信息的基础上，提出一套科学实用的寿命周期费用结构体系。充分考虑了费用的时间特性，首次把装备物价指数和动态费用应用到装甲装备寿命周期费用分析预测中，在对装备寿命周期中各个阶段主要费用因子的灵敏度分析的基础上，建立了论证与研制费、采购费、使用与保障费等阶段中主要费用单元的预算模型，形成了一整套完整的寿命周期费用预算分析方法。

（2）构建了复杂特殊产品研制费用预测模型。鉴于研制费用对寿命周期费用的决定作用，在充分调研和深入分析的基础上，确定了影响复杂特殊产品研制的七个主要费用因子，提出了估算和预测复杂特殊产品研制费用模型，突破了以往主要按照重量确立费用的传统做法，并对研制费用数据收集和基于挣值管理的研制费用控制问题进行了深入研究。

（3）首次提出了复杂特殊产品采购费用指标估算法。以往对于复杂特殊产品的定价和估价都是采用传统的成本加5%得利润的方法，本论文根据掌握的大量数据和对复杂特殊产品的深入了解，把复杂特殊产品分为九大部分，把配套类产品分为六大部分，并分别建立与本部分重要技术指标相关联的费用预算模型，对于新型复杂特殊产品在论证阶段预估将来的产品价格，预先安排采购费用具有非常重要的意义。

第2章　复杂特殊产品寿命周期中的
服务外包项目

　　工业化时代向信息化时代的转变为服务外包提供了技术支撑。20世纪后半叶，信息技术日益渗透到工业生产和日常生活的方方面面，推动了社会生产力的发展，提高了信息的利用效率，改变了人们的生活，并促进了社会经济结构的变化，服务业的产值在整个经济中所占的比重越来越大。例如，互联网的广泛应用极大地缩短了地区之间的距离，使得很多从前无法异地协作或分工合作完成的工作现在可以轻易地开展。

2.1　服务外包的含义和特征

2.1.1　服务外包的内涵

　　通过对各种服务外包定义的梳理，得出服务外包蕴含以下本质属性：其一，服务外包由发包商、承包商和外包合同三大要素构成，发包商将自身的一部分业务交由第三方（承包商）来完成，并通过外包合同规范双方的行为、保证双方的利益；其二，发包商转移给承包商的业务通常是非核心的业务（往往处于价值链的低端）和不擅长的业务（能力不足或效率不高，可能处于价值链高端）；其三，发包商外包服务业务的主要目的是为了降低成本、提高效率、强化核心能力和应变能力；其四，服务外包（尤其是离岸服务外包），必须依托信息技术、网络技术和通信技术来实现（服务外包实际上是基于IT的外包）。这些本质属性正是服务外包的内涵。因此，可将服务外包定义为：服务外包是某一组织为了降低成本、提高效率、强化核心能力、增强适应性，依托现代信息技术、网络技术、通信技术，将价值链中部分服务性业务以合同形式委托给外部机构完成的一种商业模式。这里的委托方又称为发包商（方），受委托方又称为承包商（方）；发包商委托给承包商完成的服务性业务通常是基础性的、共性的、非核心的或不擅长的业务。由此可见，服务外包的利益主导方通常是发包商（方），而承包商（方）往往是发包商整合外部资源所借助的力量，只能被动地接受利益的分配（除非承包商具有强大的专业服务能力和优质的专业服务水平）。对承包商而言，服务外包存在服务经济被动化、服务职能低端化、国际纠纷扩大化等负面效应。

因此，在承接国际服务外包的"热潮"中，我们必须保持清醒的头脑，理性地挖掘服务外包的科学发展之道。

2.1.2　服务外包的外延

分类（划分）是揭示概念外延的逻辑方法。按照不同的划分标准，目前学者们将服务外包进行了如下分类。

按照业务领域的不同来分，服务外包可以分为信息技术外包（ITO）、业务流程外包（BPO）和知识流程外包（KPO）。事实上，ITO、BPO、KPO 三者是存在交叉关系的。KPO 是一种高层次的业务流程外包，ITO 本身也可能涉及信息技术流程，而 BPO、KPO 往往依赖于 IT 技术。因此，ITO 是服务外包模式的共性基础。

按照服务交付是否跨越国界来分，服务外包还可以分为离岸外包（包括近岸外包）和在岸外包。承接跨国公司的离岸外包最大的好处是承接国能学习先进的服务理念和服务标准，促进自身专业服务企业的质量提升和成长；而发展在岸外包才能使本土的企业就近获得优质的服务，降低成本提高效益。因此，通过离岸外包增强本土专业化服务企业能力，壮大在岸外包市场，提升生产性服务质量，推进产业升级，才是我国发展服务外包的真谛。

按照服务内容的不同来分，服务外包可以分为计算机服务外包、财务外包、金融服务外包、物流服务外包、人力资源服务外包、客户关系管理外包、营销外包、医疗服务外包、数据处理外包和法律服务外包等。这些服务外包，往往涉及不同服务行业或不同行业供求链的各个环节。发展这些服务外包，可以提升供求链价值和行业效率。

另外，按照发包商外包的程度不同，可把服务外包分为部分外包和全面外包；按照发包商、承包商数量的不同，把服务外包分为单个发包商、承包商外包和多个发包商、承包商外包（又称为服务众包）。目前，服务众包正在成为企业开放式创新的利器。

2.1.3 服务外包的特征

近年来，全球服务外包产业发展迅速，并主要呈现出以下特点。

（1）信息技术承载度高

信息技术是服务外包发展的技术资源基础。正是互联网和通信技术让不同地区的企业突破了以往经济合作的地域限制，使得与发包商邻近的、甚至大洋彼岸的承接商能够以此为顾客提供服务，从而使得服务业的瞬间异地转移成为可能。

（2）附加值高

这主要是和制造外包相比较的结果。服务外包的业务几乎不涉及进项原材料支出，其成本组成大致为：物业租金、电脑折旧、水电费用以及人力成本。相较于制造业只有15%的增值幅度，服务外包的增值幅度可以高达100%。因此，服务外包的收入与增值几乎等值。

（3）资源消耗低，环境污染少

服务外包业务不同于制造外包业务，共主要依托的是信息设备。由于不需要进行实物生产，也就几乎无须矿物资源及物流支持，也就没有废弃物的排放。因此资源消耗极低，对环境的污染也少了很多。从这个角度看，服务外包产业是一项比较环保的绿色产业。

（4）以人力资源为核心

服务外包属于知识密集型产业，良好的人力资源基础是发展服务外包的必要条件。因此，受过相关教育培训并拥有丰富实践经验的从业人员构成了产业的核心。例如，大连市通过高校、科研机构和企业的联盟，将人才直接输送到从事外包的技术岗位上，从实践中学习国外的有关先进理念，并形成了一整套国际化的人才培养机制。依靠这些素质良好的从业人员，服务外包才有继续拓展、创新的可能。

（5）吸纳就业能力强

一方面，服务外包的业务领域不断拓宽。特别是随着全球外包业务对高端知识技术需要的提高，服务外包产业开始涉足更多的技术含量高、附加值大的业务领域；另一方面，服务外包的参与群体日益增多。为了降低成本，一些中小发包商也会将部分业务外包。这两大主因的推动使得服务外包产业对从业人员的数量需求迅速扩张。如今，人才供应不足成为服务外包产业发展的主瓶颈。在劳动力成本方面，中国是世界上劳动力成本最低的国家之一，同时又具有相对较低的人才流失率。因此，越来越多的发达国家大公司乐于将中国作为持久的服务外包承接地来发展，吸纳就业能力强这一特点在中国也得到充分体现。

（6）国际化水平高

由于全球互联网和通信技术的飞速发展，全球资源共享变得更加便捷，承接商可以在世界各地以电子方式完成远程服务。这种"抵消"时差的高效服务诱使更多的企业融入服务外包这一经济活动中来，从而使全球的经济流动更加活跃。正因为如此，服务外包才同服务贸易以及高端制造业和技术研发环节转移等一起，成为推动国际产业转移的新的重要因素。

2.2　服务外包的动因理论

究竟哪些因素推动了服务外包行为的产生和发展，关于这个问题学术界已经给出了众多理论分析，并根据这些理论来解释和指导实践。这些理论包括比较优势理论、交易成本理论、委托代理理论、核心能力理论、资源基础理论、资源依存理论、价值链管理理论、供应链管理理论、木桶理论、社会交换理论以及制度变迁理论等。除此之外，还应看到，全球经济一体化、信息技术的迅速发展等宏观环境也是服务外包必不可少的推动力。

2.2.1 服务外包的外部动因理论

（1）信息技术和互联网的发展

信息技术和互联网对服务外包的支持和促进作用表现在以下几个方面。

互联网的延伸性和灵活性的地理位置、自然资源对企业的约束化于无形，市场可以无限制地延伸到任何时间、任何地方，从而为服务外包跨越时空障碍提供技术支持。计算机技术、通信技术、光电子技术、自动控制技术和人工智能技术等的发展大幅降低信息处理的成本，增加信息储存的容量，提高信息的传播速度，消除人们收集和应用信息的时空限制，保证信息传输的安全可靠，为服务外包各方参与者之间方便、快捷、安全地交流和传递信息提供技术支持。

基于计算机技术、仿真技术和信息技术建立的决策支持系统，帮助企业决策者以最快的方式尽可能多地获得有关企业内外部及企业之间的信息，及时对这些信息进行综合处理，为服务外包管理者准确快速的决策形成提供技术支持。

（2）经济全球化程度提高

20 世纪 80 年代以来，经济全球化带动资本、信息、技术、劳动力和资源在全球范围内流动、配置和重组，使生产、投资、金融、贸易在世界各国、各地区之间相互融合、相互依赖、相互竞争和制约，整个世界连接成一个巨大的市场。任何企业想在此浪潮中"闭关自守"是注定要失败的，只有通过服务外包与别的企业建立联盟，协调合作，互惠互利，才能获得长久竞争优势，享受全球化带来的胜利成果。

（3）国际分工的发展细化

随着科学技术的快速发展，世界市场日益扩大，在某种程度上加快了产业结构、产品结构不断调整的步伐，任何国家都无法包揽一切生产经营活动。所以，为了利用对方的技术优势，一些西方国家不约而同地开展行业间、企业间乃至生产流水线上的分工协作，从产品专业化到零部件专业化，再到工艺流程的专业化。这势必造成企业间以及企业内部生产经营范围的市场领域更加广泛，为外包的发展提供了一定的推动力量。

（4）生产组织方式的创新

随着现代知识体系日趋复杂，单个企业不可能掌握全部知识和创新资源，而依靠知识分工。将复杂的知识系统模块化，并通过标准化的界面将各种模块对接，已成为全球范围内技术创新的重要方式。在这种方式下，不同类型企业很多时候共享创新资源与成果是靠外包实现的。同时，网络技术的普及以及模块化生产方式的应用使企业内部组织的垂直层级减少，专业化程度提高，有助于企业开展外包业务。

2.2.2　服务外包的内部动因理论

（1）交易成本理论

交易成本理论认为，市场和企业资源配置的两种可相互替代的手段，对二者的选择依赖于对市场定价的成本和企业内官僚组织成本的权衡。在市场运行中存在交易成本，企业的交易成本限定了企业的规模和治理边界。这里所说的交易成本包括：运用价格机制的成本、为完成市场交易而进行的谈判和监督履约的费用，以及未来的不确定性所引致的费用，以及度量、界定和保护产权的费用。理论的核心内容包括以下两类决定因素。

第一类决定因素，即交易成本理论的两个假设前提。

有限理性。有限理性是一种认识上的假定，假定人的动因是"意欲合理，但只能有限地做到的"。交易主体在交易活动中的感知和认识能力是有限的，人们在收集和加工处理大量相关市场信息方面的能力受到自身的很好限制。也就是说，在现实经济活动中，由于不确定性的存在和不完全信息的限制，使得人们的理性往往是有限的。因此，交易当事人既不能完全收集到事前与契约安排相关的信息，也不能预测未来可能发生的各种变化。因而所签约的合约总是不完全的。在这种情形下，若要提高理性，就要建立不同的经济组织，选择不同的合约形式以弥补契约人面对外界不确定性、复杂性以及有限理性时的不足。

机会主义。所谓机会主义，指的是用各种投机取巧的方法，包括说谎、窃取、蒙骗等手段向交易对方提供歪曲的信息来实现自我利益。这种以欺诈手段追求自身利益的行为倾向是以有限理性假设为前提的。正是由于人们的有限理性，才使得某些交易者可以利用信息不对称环境或利用某种有利的讨价还价地位欺诈对方。机会主义行为倾向假设人谋求私利的动机是强烈的，同时也是复杂的。机会主义假设的引入使得签约的难度增加，或者说使得市场交易成本增加。正是由于"契约人"的有限性和机会主义的存在，导致了交易活动的不确定性和复杂性，使交易费用增加，因此某种制度安排和交易方式的选择成为必要。

第二类决定因素，即交易特征的三个维度。

第一个维度是资产专用性。资产专用性是指：有些投资一旦形成，某种资产就很难再重新配置使用，因为它们的转换成本很高，在重新配置中将遭受重大经济价值损失，这项资产即具有专用性。具体来说。可以区分出三个资产专用性，包括地理区位的专用性、实体资产的专用性和人力资产的专用性。

资产专用性越高就意味着投资所带来的固定成本和可变成本包含了相当一部分"不可回收的成本"和"沉没成本"，也就越难于从一种用途转移到另一种用途。所以资产专用性则表明，资产的专用性越高，"锁住效应"就更显著，交易双方的合约关系保持连续性就越具有重要意义，因此企业之间长期合作的意愿就越强。

第二个维度是交易过程的不确定性。交易过程的不确定性是指由于市场环境的复杂多变，使交易双方的稳定性受到影响，进而增加履约风险。这两种不确定性分为两大类：一种是初级的不确定性，一种是次级的不确定性。

第三个维度是交易频率。由于机会主义和不确定性，契约总是不完全的，需要专门的治理机构来保障契约关系的稳定性和可调整性。但建立这种机构是有费用的，这笔费用是否能够得到补偿，在一定条件下取决于交易发生的频率。如果进行的交易不是经常性重复发生，这笔新增费用就很难得到补偿；反之，如果进行的交易是经常性重复进行的，这笔费用就容易得到补偿。一般来说，只有对高频率的交易建立保障机制在经济上才是合算的。

交易成本理论与服务外包。如果资产的专用性程度较低，且交易重复发生，关系合约和双边治理就是优先选择，这样就为企业寻求外包服务提供商提供了理由。由于外部服务提供商通常具备规模经济，因此具有较低的成本，所以企业可以通过外包寻生产成本的降低，也应看到，因为企业节约的生产成本或多或少会被在与外包商进行合同谈判、外包关系管理以及确保外包商对合同的严格执行上所产生的费用所抵消。所以，外包的同时也可能带来较高的交易成本，这将取决于：资产专用性或外包关系中所涉及的资源和服务的独特性；外包交易的不确定性，以及与不熟悉的外包商订立合同等。所以，只有当外包签约成本、管理成本和外包服务提供商供应成本之和小于自身生产成本时，企业才会选择外包。

（2）核心能力理论

所谓企业的核心能力，不是某一种单一的能力或技术，而是一组能力或技术的集合。它是指企业快速、低成本地集成各种生产技能、技术手段和资源来应对各方面机遇和挑战的能力，是企业将技能、资产和运作机制有机融合的自组织能力，是企业独具的、长期形成的，并融于企业内质中支撑企业竞争优势的、使企业能在竞争中取得可持续发展的核心能力。其本质是企业持有的知识和资源。

根据核心能力理论，企业的核心能力是企业可持续竞争优势与新业务发展的源泉，它应该成为公司的战略焦点，企业只有具备核心能力、核心产品和市场导向这样的层次结构时，才能在全球竞争中取得持久的领先地位。

核心能力理论的要点是：公司的竞争力来源于能够比竞争对手以更低的成本和更快的速度建立核心能力；核心能力是多因素的复合体，它是技术、治理结构和集体学习的结合；多元化的企业应是核心能力的组合，而不是波特学派的产品与事业的组合，公司所拥有的核心能力组合与价值创造体系对企业的竞争优势起决定性作用。其主要特征为：异质性、可带来长期价值和可延展性。

从理论研究来看，核心能力理论是以资源作为基础的竞争优势观，它把企业看作是一系列独特资源的组合。但是任何企业拥有的资源都是有限的，随着科学技术的进步和市场的变化，任何企业都不可能在所有领域获得竞争优势。因此企业为了建立和强化自己的核心竞争能力，必须把有限的资源集中在核心业务上，对于自身不具备核心能力、甚至已经给企业带来麻烦的业务，企业将其以合同的形式（外包）或非合同的形式交由外部组织承担。这样，企业就可以与外部企业共享信息、共担风险、共享收益，外包则成为企业利用外部资源获得互补的核心能力，以此强化自身竞争地位的一种战略选择。

（3）资源基础理论

资源基础理论把企业的资源分为三种，即物质资本资源、人力资本资源和组织资本资源，并指出企业是各种资源的集合体，每个企业拥有的资源都不尽相同。如果这些资源能够使一个企业在其所处环境中利用机会或者抵御威胁，这些资源对于企业就是有价值的。

根据资源基础理论，企业只有在资源具有异质性和非流动性的情况下才能获得竞争优势。企业资源的异质性是指企业所拥有的物质资本资源、人力资本资源和组织资本资源，以及这些资源在企业中的配置。企业资源的非流动性是指竞争对手难以从别的企业获得这些资源。

如果企业的资源具有四个方面的属性，企业就可以拥有持续的竞争优势，这四个属性是：价值性、稀缺性、难以模仿性和不可替代性。所以，资源基础理论的基本观点是，如果给定的资源具有异质性和非流动性，并且这些资源满足价值性、稀缺性、难以模仿性和不可替代性的要求，那么这些资源就可以成为企业获得持续竞争优势的源泉。也就是说，一个企业竞争优势地位的获得和保持依赖于企业获取重要资源的能力。

依据资源基础理论，企业在本行业要赢得竞争优势和高于行业平均水平的利润，就得具备卓越的产品和较低的成本，而这些优势的取得又取决于资源的优越性和企业配置它们的方式。由于实现战略目标所需的资源与本企业自有资源之间存在一定的缺口，如果服务外包能充实并扩展企业现有的资源基础，那么外包的应用就达到了良好的效果。

总之，企业只有发展那些有价值的、稀缺的、不易被模仿的和不可替代的异质性资源和能力，不断开发和利用外部的互补性资源，才有可能持续地保持竞争优势。这样，企业要想获得产品或者服务的差异性或以最低成本提供一致的产品或强化企业的价值，在自身不具备相应资源或不想在所需资源会出更多投资的情况下，充分利用外部资源和能力，实施外包或与外部企业缔结战略联盟就成了企业的战略选择之一。这样，实施服务外包不仅可以维持企业的现有资源和能力，尤其可以专注于改善这些资源和能力，同时可以强化自己所不具备的资源和能力，并降低投资风险和成本。

（4）资源依存理论

资源依存理论属于组织理论的重要理论流派，是研究组织变迁活动的一个重要理论。资源依存理论认为，任何组织都不可能持有其赖以生存和发展的全部资源，在某种程度上，一个组织不得不依赖外部的其他组织向其提供必要的资源，这些资源可能包括土地、资金、信息或特定的产品和服务，这种资源上的依赖往往使得一个组织与其外部环境中的其他组织更为密切相关。同时为了提高企业获得资源的有效性，更好地应对环境的不确定性以及对外部的依赖性，一个组织必须与外部组织，如顾客、服务商、竞争对手等个体处理好有关资源的利用问题。

资源依存理论的一个重要观点是，依存可以是相互的。正如一个组织依存于另一个组织，两个组织也可以互相依存。当一个组织的依存性大于另一个组织时，权利变得不平等。所以资源依存理论强调组织体的生存需要从周围环境中吸取资源，需要与周围环境相互依存、相互作用才能达到日的。

依据资源依存理论，任何组织的生存和发展不仅取决于内部资源和能力，同时也信赖外部环境。为了实现组织的战略目标，组织往往不得不从外部环境获取关键资源，这使得一个组织与其周边环境中的其他组织密切相关，从而产生了一定程度的依赖。这种依赖存在不确定性，因而会导致风险。

为了减少这种不确定性，组织应与外部组织建立相互依存的伙伴型外包关系，以大大降低由于相互依赖产生的不确定性带来的风险，提高企业稳定、一致地获取高质量资源的能力。

(5) 价值链管理理论

价值链理论认为，每一个企业都是由用来进行设计、生产、营销、交货以及产品起辅助作用的各种活动组成的集合体，所有这些活动可以用一个价值链来表明。以价值链表明的价值活动可以分为两大类：基本活动和辅助活动。基本活动包括内部后勤、生产作业、外部后勤、市场和销售、服务等；辅助活动包括采购、技术开发、人力资源管理和企业基础设施建设等。这些互不相同但又相互关联的生产经营活动构成了一个创造价值的动态过程，即价值链。每项经营管理活动都是这个价值链上的一个环节，各个环节互相联系，互相影响，一个环节的运行质量直接影响到其他环节，并对价值链整体造成致命损伤，还可以对价值链体系产生很大影响。

从价值链管理的角度来看，企业之间的竞争不单单是某个经营环节上的竞争，而是整个价值链的竞争。同样，每个企业都不可能在全部价值链环节上具备竞争优势，要实现各个环节对价值链增值的最大贡献，就需要借助其他企业的优势环节来弥补自身价值链的不足。通过外包，企业把自己价值链上不具备优势的业务转让出去，让在这些价值链上处于优势的企业来完成这些工作，实现优势互补，最后实现共赢。

(6) 供应链管理理论

在市场需求多变、技术进步突飞猛进、产品生命周期越来越短的市场环境中，企业的竞争优势很大程度上取决于企业自身是否能够对市场作出快速的反应。为了达到提高效率、增强竞争力和适应能力的目的，很多企业都在不同程度地进行着管理模式的创新。在管理模式从"纵向一体化"向"横向一体化"的演变过程中，形成了一条从供应商到制造商再到分销商的贯穿整个业务过程中所有组织的一个链条，在这个链条中，相邻层次的组织之间存在需求与供应的关系，也就是上游与下游的关系，当把所有相邻组织都连接起来时，就形成了供应链。

供应链管理理论与服务外包。供应链管理理论是指在满足客户需求水平的条件下，为使整个供应链系统成本最小化而把供应商、制造商、仓库、配送中心和渠道商等有效地组织在一起，而进行的产品生产、转运、分销和销售的管理方法。随着世界经济一体化的深入发展和社会分工的日益细化，企业竞争已扩展到企业之间甚至企业内部某个具体环节即供应链与供应链之间的竞争。供应链管理强调每个企业要根据自己的核心能力和优势，将主要精力放在核心业务上，充分发挥核心业务带来的竞争优势，同时通过寻其他企业互补性的核心力量，并与之形成上下环节的互补合作关系，将企业自身的非核心业务交由合作企业完成，从而达到整个供应链收益最大化。因此供应链管理理论可以成为企业通过服务外包保持和增强企业核心能力的理论基础。

比较价值链管理理论和供应链管理理论。可以发现，其实二者的基本思想是一致的。它们都强调企业在有限资源的约束下，不可能拥有全部的优势和资源，只有相互优势互补，才能不断提升企业的竞争优势，达到企业利益的最大化，并增强企业的灵活性和适应能力。因此，服务外包就成为企业在市场竞争中自然而然的选择。

2.3　服务外包复杂特殊产品寿命周期费用的互相影响和意义

复杂特殊产品寿命周期费用主要包括研发、生产、维护保养等，涉及许多研究机构、企业和使用单位，服务外包贯穿于全过程，只有选好用好服务外包单位和企业，才能使寿命周期整体费用降到最低。选择外包对于复杂特殊产品来说，经济性只是考量的其中一个指标，下面仅从成本方面进行分析和论述。为了论述方便选择从企业角度展开。

近年来，基于外包的种种优势，外包作为企业的一个战略选择越来越受到重视。服务外包发展迅速，波及全球，它在节约成本、强化核心竞争力、提高生产效率、获取业务专长、拓展新的市场等方面具有明显的优势。在这些优势下，服务外包蓬勃发展。

2.3.1　节约成本提高财务绩效

企业成本最小化、利润最大化的目标为服务外包提供了强大的动力。外包成本是指将业务外包所需付出的代价，它不仅包括如合同价格这样的显性成本，也包括合同风险这样的隐性成本。对于追求成本领先战略的企业，外包其非核心业务对于企业的财务绩效有着积极的影响。服务外包对财务绩效的提升作用主要表现在以下几个方面。

降低运作成本。一方面，与企业内部的运作成本相比，外包服务的成本更低，而且由接包商提供服务，成本更易预测、更好控制。同时，将服务从具有固定成本的固定资产形式转换成具有可变成本的固定资产形式，这使服务在业务增长并盈利时更容易得到增加，在业务衰退时也更容易得到削减。另一方面，发挥接包商专业化动作与管理经验及其规模化的经营优势，发包商可以大量减少在非核心业务方面的投资，且只需要支付较低的可变成本。据各行业数据显示，外包大约能降低 15% ~ 20% 的经营成本。外包可通过接包商分担发包商的固定成本从而减少发包商的压力，接包商因为规模效应和专业化优势等原因也能以较低的价格提供服务，使发包商在开发和生产新产品的核心业务上更加灵活和高效。通过外包，既能减少新业务重构所带来的固定资产投入，避免在设备、技术、研究开发商上的大额投资，又能使发包商很快进入新业务领域，实现低成本快速运作。

节约日常维护成本。外包并不意味着业务的放弃，企业需对外包合同的实施进行管理，保持对外包业务性能的检测和评估，并经常与外包商保持沟通联络。尤其当企业想与外包商建立长期性、战略性的合作关系时，这部分支出更为必要。

如果企业的规模太大，无论在硬件投入方面还是人才培训方面，企业必须加大相关投入，这样会增加企业的经营成本和负担。毫无疑问，外包企业获得的利益来自接包商的规模经济和专业技能。就拿信息技术供应商来说，一方面，他们可以在多个客户之间共享软硬件、人力资源和知识，从而使他们在固定成本投入上更加节约，与此同时，他们还可以通过批量购入硬件和软件而获得更多的折扣。另一方面，他们通常会比客户拥有更全面的技术，或者具有客户企业所不具备的特定技术和资源。因此，接包商一般能高质量、高效率、低成本地提供产品和服务。

其他节约成本的影响。①实施业务集中。一方面，业务集中可以节约人力成本；另一方面，业务集中可以优化组织结构，实现规模效益。②共享标准化流程。首先，各地区业务集中到共享中心后，可以共享各地区的最优流程，从整体上改善业务流程，提高效率；其次，在分析各地区业务流程的基础上，可以结合全球一体化项目，实现流程标准化、全球化。流程标准化可以帮助企业减少流程培训压力，减少因人才流动带来的专业知识流失的风险，并进一步提高工作效率。业务外包由于形成了规模经济从而具备了低成本的优势，即经营规模扩大带来的经济效益。当首批业务转移到业务共享中心后，可以逐渐地扩大业务外包范围，通过业务范围扩大给企业带来更多的经济效益。

2.3.2　强化核心竞争力

任何成功的企业都有自己的核心竞争力。核心竞争力是超越具体的产品和服务、超越具体职能部门和业务单元的一种竞争力，并且这种竞争力不受单一产业变幻莫测的周期特征的制约，能使企业面对多变的环境，处变不惊且行动迅速。在市场竞争日益激烈的今天，企业不仅需要保持竞争力，更要不断开发和改进其核心竞争力，这需要企业投入更多的资源来经营。

根据价值链理论，从研发、设计、设计、采购、生产、库存、营销到运输等环节是一条完整的价值链，环环相扣，缺一不可。一个公司不可能在价值链的每一个部分都是最有竞争力的，因此，选择自己最具竞争力的环节才是明智之举。企业应该将资金、人才等优势资源集中于具有核心竞争力的业务环节，而将不具有竞争优势的业务外包给比自己更具成本优势和专业优势的企业，以此来获得竞争优势。

将非核心业务外包出去可以使企业将更多的精力和资源集中于核心业务上，以提高核心资源的竞争优势。服务外包业务可以解放企业内部的员工，使他们能够更专注地投入核心业务中去，获得更丰富的经验。企业的持续竞争优势是由核心竞争力决定的。企业拥有资源的有限性，决定其不可能在所有业务领域都拥有竞争优势，为此，企业必须把有限的资源集中在核心业务上，通过外包来获得其他非核心资源，从而实现资源的优化配置。

同样，对于企业的高层管理人员来说，外包可以使其更专注于核心业务，将更多的精力投入核心业务中去，提高核心业务的绩效水平。同时外包为实现企业的主要战略目标提供了手段。与不实行外包相比，外包的最大好处也许就在于它可以使发包商更加充分地利用接包商的资金、技术创新和专业能力。对任何发包商而言，要复制接包商所拥有的这样一组能力所需投入是非常巨大的，但通过服务外包，则可以较容易获得这些强大能力，从而为提高发包商的核心竞争力服务。

2.3.3 提高生产效率

效率指的是投入与产出之间或是成本与效益之间的关系。当效率概念应用于某一企业时，所要研究的问题主要是企业是否利用一定的生产资源生产了最大的产出，或者说是否在生产一定量的产出时实现了成本最小的原则，这种效率称为技术效率。服务外包是将发包商内部的部分职能外包给以服务为导向的专业接包商，可以为发包商的顾客提供高效的服务与管理，发包商也能因此节约服务成本，有利于发包商把更多的财力、物力、人力集中到核心业务中去，使资源在不同的环节得到合理配置，优化发包商的组织结构，从而提高发包商的效率。

企业内部管理可以分为两个方面：一是事务性业务，一是战略性业务。例如，在人力资源管理中，事务性业务主要是指普通职员的招聘、考核、教育培训、人事档案管理、薪资福利等，而战略性业务包括人力资源政策、执行及中高层主管的甄选、员工的职业生涯规划、组织发展规划和业务开发等。事务性的工作附加值较低，易使人分心。如果把这些过于细节化的事务外包出去，可有效防止从事这方面管理工作人员的过多配置。对企业而言，从专业服务公司那里获得人力资源方面的信息和卓越的服务质量远比企业自身拥有庞大繁杂的人事管理队伍更能节约成本，获得更多的盈利。从理论上讲，专业服务公司通过聚集较多的客户可进行时间—费用设计，从规模经济和学习效应中获益，降低管理成本。因此，无论是专业服务公司的成本还是发包商支付的服务费用都能得到降低。相对于内部管理来说，由外包服务商提供的人力资源管理服务无论是从管理的专业化还是技术的先进性等方面来说，都具有很强的优势。通过外包可以提高企业的管理效率，提高企业的反应速度，使企业更好地适应市场的变化。

2.3.4　复杂特殊产品寿命周期费用对服务外包项目的影响

复杂特殊产品属于先进制造业的范畴，既包括研发、生产环节，又包括维修保障和 IT 产品的软件开发等。电子信息、计算机、机械、材料以及现代管理技术等方面的高新技术成果，综合应用于产品的研发设计、生产制造、在线检测、营销服务和管理的全过程，实现优质、高效、低耗、清洁、灵活生产，即实现信息化、自动化、智能化、柔性化、生态化生产，取得很好的经济效益和市场效果的制造业总称。复杂特殊产品寿命周期费用对服务外包项目的影响主要表现在两个方面，一是影响服务外包项目的选择，通过对复杂特殊产品寿命周期各个阶段的过程分析，能够为各阶段实施服务外包寻求可能性和可行性；二是通过各阶段费用的分析预测，为实施服务外包的价格提供参考依据，从而为决策层的决策奠定坚实的数据基础。

第3章 复杂特殊产品寿命周期费用分析基本方法研究

复杂特殊产品寿命周期费用分析基本方法研究，综合运用了分析归纳、专家调查和实证研究的方法。其主要研究内容为：研究对象的选定，费用信息收集方法，研制费用数据的采集和分配方法，复杂特殊产品寿命周期的确定，费用时间价值因素的研究，动、静态费用的计算方法，论证和研制费的逐年分配方法和大、中、小修次数的计算方法等8方面内容。这些基本概念和基本方法的研究是全文深入展开的基础和前提。

3.1 研究对象的选定

根据采用基型进行变型研制的家族化发展模式，基型产品不仅是目前复杂特殊产品应用的主体，而且也是其他复杂特殊产品发展的基型平台。因此，在本论文的研究过程中，确定将某复杂特殊产品的基型产品作为主要的研究对象。

基于某些复杂特殊产品在研制费的发生规模、系统构成的特点、购买后的编配以及使用模式上的显著差异，为了提高预算模型的准确性，在研究研制费、采购费及使用与保障费时，又将基型产品细分为"A 类""B 类"和"C 类"并将 B 类和 C 类产品统称为配套产品。

3.2 费用信息收集方法

在复杂特殊产品寿命周期费用的分析和预测研究工作中，一方面需要建立科学有效的费用估算模型，另一方面需要获得大量准确可靠的信息，这些信息既包括产品各阶段积累的费用信息资料，也包括产品在各阶段性能技术指标的更新信息和产品保障使用过程中的各种数据。建立参数费用估算模型是为了准确估算产品硬件、软件和信息技术的寿命周期费用，准确可靠的数据信息是保证费用估算模型有效运行的先决条件。当提到寿命周期费用估算时，难点不是建立模型，而是可靠准确数据信息的收集。由此可见，在进行复杂特殊产品寿命周期费用估算，尤其对产品使用和保障阶段费用估算时，所遇到的挑战不是去发展更好的费用模型，而是获得模型所必需的信息，详细的分析不能解决数据缺乏的问题。因此，研究和探索一套行之有效的信息收集方法显得异常重要，对产品寿命周期费用的预测具有极其重要的现实意义。合理有效地收集和利用已有的数据，既可以提高工作效率，具有较好的经济效益，又可以避免科研工作的重复劳动和少走弯路，节省大量的人力和时间，缩短科研周期。本文主要针对复杂特殊产品寿命周期费用模型所需信息，从数据类型、数据的标准、数据的收集方法和信息的收集过程等方面深入进行了研究和探讨，提出了寿命周期调查问卷的方法，有效解决了信息收集难的问题。

3.2.1　数据的类型和收集方法标准

1. 复杂特殊产品寿命周期费用预测模型所需要的数据类型

研究产品寿命周期各阶段的费用预测模型，可以发现其所需要数据类型呈现的趋势和规律。通常情况下，可以分为描述产品技术性能的参数、描述使用和保障产品而建设的基础设施的参数以及描述使用保障规范和政策的参数。

（1）复杂特殊产品技术性能的参数（如与研制和制造费用相关的重量、机动能力、与储存成本相关的体积、外形尺寸等）；

（2）修复性维修数据（如平均间隔时间〈MTBF〉、平均修复时间；定期维修数据，部署数据，维修政策和方案、相关的人员费用、培训费用和保障费用等）。

2. 数据收集方法的判断标准

所收集的研制、制造、使用和保障数据哪些最重要，收集数据时如何区分方法的优劣，很有必要对数据收集方法的判断标准进行深入的探讨和研究。下面结合产品寿命周期费用预测数据信息的需求实际，提出 6 条标准。

（1）资源效率标准

最有效率的数据收集方法一定不是资源密集型的。在现有复杂特殊产品研制和管理体制条件下，任何单位或组织都不可能组建一支庞大的队伍专门进行数据收集工作，因此，判断数据收集方法好坏的第一条就是资源占用相对较少，而成本和进度又都是高效的。

（2）时效性标准

提供给产品寿命周期费用预测模型使用的数据必须是到目前为止最新的，并且要不断更新。如果数据量很大，并且很容易收集，但是只能满足一个以前使用但是现在已不用的费用模型，那么收集到的这些数据将毫无意义。

（3）准确度标准

数据尽可能接近原始数据，而且要保证其真实有效。如果在你获得这些数据之前，就已有其他人对这些数据有不同的解释，那么你就不能确认该数据的准确性。费用模型输出结果的质量取决于模型输入的数据。如果不能确认数据的正确性或者对其缺乏信心，那么这个费用估算的结果同样也是不可靠的。

（4）可验证和确认性标准

数据应当具有可验证和确认性，在收集前必须经过验证和确认，以提高其可信度。数据的来源要可靠。

（5）易理解性标准

如果不通俗易懂，所得数据几乎没用。对于提供数据的一方来说，拥有一本数据字典是必不可少的，这样他就可以充分理解数据使用方对其所提供数据的真正需求，使提供的数据更有针对性。

（6）及时性标准

复杂特殊产品寿命周期费用数据应在估算所允许的时间内收集到，没有必要为了一次为时两个月的估算，而费很多时间去收集最好的数据。及时收集到必要的数据应当不难，但有时也会遇到一些麻烦，比如，单位或组织不能或是不愿确认其所提供数据的准确性。遇到这种情况就必须拓宽数据信息的来源渠道。例如，过去类似项目的记录，在役类似产品的会计数据或现场数据；可靠性和可维修性专家组，产品承研、承制单位提供的文档，负责维修的技术人员；综合后勤保障人员；故障模式影响及危害性分析数据；后勤保障分析记录等。

3.2.2　数据的收集方法

1. 数据收集方法

数据收集方法选取得是否得当，直接影响获取数据的质量和效率，进而影响产品寿命周期费用预测的有效性和可信度，正确选择数据收集方法从某种意义上说，对产品寿命费用的预测起着决定性的作用。下面给出了几种有效的数据收集方法。

（1）检索已有的数据库：检索当前项目数据库以及现有装备数据库以获得数据。

（2）问卷调查：使用标准格式的调查问卷以收集数据，可以是硬复制或者软复制。

（3）文献调研：检索过去的研究成果，产品承研、承制单位保存的产品文档和第三方数据源。

（4）访谈：咨询有关方面的专家，听取其意见。

（5）仿真：使用已有的数学关系式（基本大量已有的真实数据），可以依据已获得的费用数据（研发和生产阶段数据），生成使用和保障阶段的成本数据。这在预测未来应用系统的费用时特别有用。

（6）现场测试：当模型涉及现场失效、修理次数时，获取使用和保障数据的终极方法。

2. 数据收集方法的分析比较

表 3-1 对以上 6 种数据收集方法的优、缺点进行了分析和比较，为数据收集方法的选择，提供依据。

表 3 - 1　不同数据收集方法的优、缺点比较

	资源效率	时效性	准确度	可信度	易理解性	及时性
搜索已有数据库	√√	√√	√√	√√	√	√√
问卷调查	√√	√√	√√	√√	√√√	√√√
访谈	√	√√	√	√	√√√	√√√
文献调研	√	√√	√	√	√√√	√
仿真（建模）	√√√	√	√	√	√√	√√
现场测试	√	√√√	√√√	√√√	√√√	√

注：√√√表示好；√√表示一般；√表示不好。

从表 3 - 1 不难看出，就资源的使用效率而言，仿真获得的数据显然是最优的，它只需要很少的时间和精力；但是通过仿真获得的数据，只适用于早期的概念研究阶段，在其他阶段所得的结果很可能不够准确。与之相反，访谈、文献调研和现场测试虽然可以得到比较真实的结果，但有可能消耗比较多的人力和资金。

单从数据的时效性来讲，现场测试方法最好。现场测试需启动产品，因此这种方法可以提供产品精确的使用保障数据。仿真数据来源于数学表达式，这些数据表达式什么时候开发的，并且时效性如何，只能由其研发人员来回答。正如前面所说的，在考虑维修未来产品使用保障费用的时候，这种仿真获得数据的方法是极端重要的。在这种情况下，将没有现场测试数据供收集，并且使用保障阶段数据的准确性对于当前方案选择来讲不是那么重要。未来产品的使用保障费用是多年以后的事，这就可以在后来的某个时间再进行数据收集。访谈的问题在于所得到的数据添加了个人主观性，不同的使用和维修人员可能给出不同的答案。最精确的数据还是来源于现场对一些必要参数的测试。

从数据的可信度方面来讲，访谈和仿真方法比较低，而现场测试方法比较高。但是，对于数据的理解不同，会对可信度产生影响。因此，能够对数据进行正确理解是非常必要的。这就需要准备一本数据词典，以清楚

界定数据的边界。

同样，搜索已有数据库和文献调研也不是特别好的获得数据的技术：别人收集到的数据，但他在数据处理过程中可能提出了自己的假设。如果数据被处理过，那么严格来说，它就不是原始数据了。与之相反，问卷调查、访谈和现场测试都可以清楚地界定将要收集数据的边界和定义。

最后，现场测试和文献调研在估算所限的时间段内可能不太容易得到结果，即及时性比较差。如果某产品寿命周期费用为近期限一项决策所需，最好的方法还是仿真、访谈和问卷调查，这样可以确保当需要数据时，数据即可获得。

综合考虑所有这些标准，缺点最少并且可以提供平均水平以上性能的数据信息获得方法就是问卷调查。下面进一步对产品寿命周期调查问卷的设计和数据的收集过程进行论述。

3.2.3　寿命周期调查问卷法

1. 寿命周期调查问卷的设计

当设计一份调查问卷的时候，很重要的一点就是对不同的对象分别对待。我们把需要数据进而使用费用估算模型的单位或个人，称为"数据使用方"。把只是提供数据而不直接从所收集的数据信息中获益的单位或个人，定义为"数据提供方"。具体地说，数据提供方有两类：一类在数据使用方组织内部，另一类在数据使用方组织管理架构之外。外部数据提供方包括：子承包方、产品供应商；保障组织、以前的类似装备项目。内部数据信息提供方包括：产品项目团队、综合后勤保障部门、综合管理人员；未来的产品主管部门。

寿命周期调查问卷表应当包含以下内容：数据使用方指南、数据提供方指南、样例和调查问卷等内容。数据使用方指南为数据使用方提供指导，内容包括一个简单的介绍以及如下主题：如何准备一份调查问卷，需要哪些产品部署数据，当数据提供方发回调查问卷时应做什么。数据提供方指南包括的主要内容有：为什么需要调查问卷中的数据，并且说明获得数据之后用它来做什么，项目的布置数据，如何创建估算分解结构，需要什么样的使用或保障费用数据，以及它们的定义，简述调查问卷返回后，用来计算费用的费用模型。在此仅以某复杂特殊产品使用保障情况调查问卷为样例，见表3－2。

表3－2　某复杂特殊产品使用保障情况调查问卷

类型	产品年限	行驶里程	大修次数	中修次数	小修次数	摩托小时	平均油耗	机油消耗	平均故障间隔时间	…
产品 A										
产品 B										
产品 C										
⋮										

2. 数据收集过程

一旦区分数据提供方和数据信息使用方的角色，这种调查问卷就变得相对简单。图3－1总结了数据收集过程，同时给出了数据使用方和数据提供方的各自职责。

从数据收集过程开始，数据使用方就需对预测估算的装备有一个全面系统的理解，包括装备系统结构、相关承包商、装备的制造和采购决策，此三项决定了装备的关键属性。数据使用方要负责准备数据提供方调查问卷，包括寿命周期调查问卷、样例和数据提供方使用指南。

下面两项工作需要同步展开。数据使用方需要围绕装备的部署和使用以及维修情况收集信息。基本上数据提供方对装备的部署和使用这一决策提供不了太多数据，但是，本次估算预测的最终用户和数据信息使用方有一种合同关系。数据提供方可能会对如何最有效地保障和维修装备有很多提案，但是，数据使用方的决策最终还是要受限于已有的保障和维修能力。

同时，不管是内部的还是外部的数据提供方，可能都已填写调查问卷，但是这些被确认为是最好的数据可能只是我们所需要数据的一部分。举例来说，维修数据可能有一个来源，而备用零件数据却另外有一个来

· 40 ·

源。一些子系统可以来自同一个数据提供方，而另外一些子系统就可能来自另外一些供应商。最后，数据提供方填写好的调查问卷（其中包含使用和保障数据），将会被数据使用方收集，并且应用到产品寿命周期费用预测模型中。

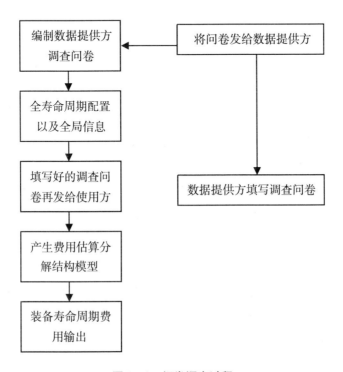

图 3 - 1　问卷调查过程

通过精心安排的访谈，调查问卷也可用来获取产品系统的未来数据。调查问卷在数据提供方会议上也可以作为一个提纲。

最后，数据使用方通过专用软件自动生成系统的产品分解结构，然后将其输入参数模型。如果某复杂特殊产品寿命周期各阶段的数据已经由数据使用方收集齐全，那么产品周期费用也就随之计算出来。

通过研究复杂特殊产品寿命周期费用分析预测中对数据的需求，认真分析和比较了各种数据收集方法，给出了评判数据收集方法的标准，详细介绍了如何使用调查问卷以收集复杂特殊产品寿命周期费用预测模型所需要的数据。此方法同样适用于其他参数模型，它具有如下优点：数据收集方法一致，满足前面提到的几条数据收集标准，并且加速了数据的传送进程；如果这种调查问卷和参数费用模型一起使用，那么它就会加速产品寿命周期费用建模的过程；改进数据质量，所得到的数据更加及时、合理、准确，更具有时效性，并且更易理解，使用其作为输入的费用模型预测更为准确，费用预测所花费的成本更低，效率更高。

3.3　研制费用数据的采集和分配方法

随着科学技术的飞速发展，复杂特殊产品变得越来越复杂，正在实现以机动性为主的机械化产品向以信息化为核心的智能化产品的转变，从而使复杂特殊产品的研制工作变得更加复杂化、综合化和多元化，同时也给复杂特殊产品研制费用的估算、概算与决算带来一定的困难，这就增加了产品研制费用的风险，从国内外对费用的控制和管理情况来看，不管是用来进行研制费用估算的参数法，还是用来进行研制费用控制的全寿命周期管理和"费用作为独立变量"的费用管理方法，都离不开准确、详细的数据信息，否则再先进行的管理方法和手段，也会失去原本的效力和作用。如何从杂乱繁多的费用构成中采集到真实、有效数据信息显得非常重要。本文通过研究产品研制费用数据信息的采集方法，可以实现复杂特殊产品研制费用数据信息的有效采集，为产品研制费用从定性管理到量化管理的转变奠定基础，对于合理确定产品科研费用，加强产品研制费用的过程控制，提高有限科研经费的使用效益具有重要的现实意义。

3.3.1　复杂特殊产品研制费用的构成内容及组成

研究复杂特殊产品费用采集问题，首先必须对复杂特殊产品研制费用的构成内容及组成进行深入的分析，从而进一步明确复杂特殊产品科研项目计价费用的开支的范围。

1. 复杂特殊产品研制费用的构成内容

产品研制费用是由科研单位科研生产过程中，为特定的研制对象所实际消耗的直接材料、直接工资、其他直接支出以及研制期间费用所构成。需要特别指出的是下列支出不得列入研制成本。这些支出包括：应在基本建设资金、专项资金开支的费用及其贷款利息；应在专用基金中开支的各项支出；对外投资；被没收的财物、支付的滞纳金、罚款、违约金；非广告性的赞助、捐赠支出；国家法律、法规规定以外的各种付费以及国家所规定不得列入成本费用的其他支出。

2. 复杂特殊产品研制费用的组成

复杂特殊产品的研制费用一般包括科研费用和试制费用两部分，科研成本费用又分为科研成本、技术成本和其他业务成本。复杂特殊产品研制费用与计价成本、研制成本、管理费用关系如图 3 - 2 所示。

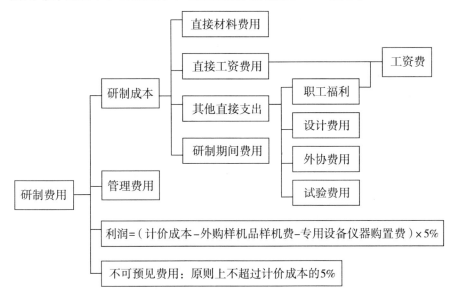

图 3 - 2　研制费用与计价成本、研制成本、管理费用关系

3.3.2　复杂特殊产品研制费用采集方法

1. 向承担研制任务的单位收集相关数据资料

这里所说有数据采集方法是对现行定价审价方法的完善与补充，它既可适用于已结束的科研项目的计价、审价，同时也适用于按照科研项目的进度节点对正在进行的科研项目进行审核，在运用产品成本的过程表格系统的方法进行采集数据时，应首先向承担项目研制任务的单位收集以下会计资料：资产负债表；研制费用、管理费用明细表；固定资产增减情况

表；主要指标表；科研经费增减表。此外，科研单位主动提供研制费用、管理费用等的计提和分摊情况；费用标准及计算方法；当量人标准和计算情况等。

通过对承制方所提供的会计资料进行核实，结合上级机关的研制费用拨款情况，为实施费用监督提供依据，以便及时调拨款进度，并对承制单位的费用使用情况提出合理化建议，为日后的审价积累数据资料。

2. 复杂特殊产品科研项目计价成本的采集

尽管产品科研项目计价成本与其会计核算中的实际成本是两个不同的概念，但两者所包含的费用要素是相同的。因此可以借用项目科研成本汇总表进行采集相关数据，但是在数据的采用中必须对固定资产使用费进行计算和处理。

在计价成本中的"固定资产使用费"一项中，既包括承担该项目的研究单位的固定资产使用费，同时也包括科研院所一级的固定资产使用费。而在会计核算上，则按此项费用发生的地点，分别在研制费用和管理费用科目所属的费用明细"固定资产使用费"项下的本期发生额中得到反映，运用"管理费用"先在生产经营项目和科研项目之间分成两部分的方法，把管理费用中的固定资产使用费也分成两个部分。可运用下列公式进行计算。

$$C_{FS} = \frac{C_{BS}}{N_A} \times N \qquad\qquad (3-1)$$

式（3-1）中，C_{FS} 代表某科研项目应分摊的使用费；C_{BS} 代表管理费用科目固定资产使用费本期发生额；N_A 代表全部科研生产经营总当量人数；N 代表某一科研项目当量人数。

利用上述公式，在计算出该科研项目分摊的固定资产使用的基础上，再加上研制经费科目核算并应由本项科研项目分摊的固定资产使用费，就可以得到计价成本中的固定资产使用费的数据，最后填入计价成本的相关表格中。

上述处理方法，在费用计价成本与会计核算实际成本之间建立了科学合理的联系，这既有利于项目费用数据的采集，又减轻了财务人员的工作量。

3. 技术成本和其他业务成本的数据采集

技术成本是指科研单位开展技术转让、技术咨询、技术服务、技术培训、技术承包、技术承运等所发生的成本费用。采集数据时可根据"技术成本"明细账所提供的年度内实际发生额，运用科研计价表分项目填制；对于本年度以前转入的未完成的业务项目，其累计成本可通过辅助账的资料填列。

其他业务成本是指科研单位开展科技交流、学术期刊出版、举办科技展览等业务所发生的成本费用。采集时运用科研计价表，根据"其他业务成本"明细账提供的年度内实际发生额，分项目填制；对于本年度以前转入的未完成业务项目，其累计成本应通过辅助账的有关资料填制。

技术成本和其他项业务成本相对科研和管理费用来说少得多，因此，利用"明细账"和"辅助账"资料填制，既简化了工作，又不会出现较大误差。

4. 研制期间费用的采集

研制期间费用是指科研单位为组织和管理科研生产活动按照规定开支的各项费用。按制度的相关规定，研制费用应在研究单位各成本对象之间进行分配。其主要内容包括：管理人员工资、奖金、津贴和补贴；固定资产使用费、租赁费、修理费、低值易耗品、取暖费、办公费、差旅费和劳动保护费等。其分配方法如下。

在一定的时间节点上，研制费用作为研制成本的一部分，应采用一定的方法分配计入科研项目和产品的成本之中。分配方法可采用直接工资比例法、工时比例法和直接费用比例法等。

直接工资比例法是指按照某项目或产品发生的直接工资占全部项目和产品直接工资总额的比例，分配研制费用的方法。其计算公式可表示为：

$$C_{FY} = \frac{C_G}{C_{AG}} \times C_Y \qquad (3-2)$$

式（3-2）中，C_{FY} 代表某项目或产品分摊的研制费用；C_G 代表某项目或产品直接工资额；C_{AG} 代表全部项目和产品的直接工资总额；C_Y 代表某科研单位总研制费用。

工时比例法是指按某项目或产品所耗用的实际或定额工时，占全部项目和产品耗用实际或定额工时总额的比例，分配研制费用的方法。其计算公式可表示为：

$$C_{FY} = \frac{H_S}{H_Z} \times C_Y \qquad (3-3)$$

式（3-3）中，C_{FY} 代表某项目或产品分摊的研制费用；H_S 代表某项目或产品耗用实际或定额工时；H_Z 代表全部项目和产品实际或定额工时总数；C_Y 代表某科研单位总研制费用。

直接费用比例法是指按某项目或产品发生的直接费用占全部项目和产品直接费用总额的比例，分配研制费用的方法。其计算公式可表示为：

$$C_{FY} = \frac{C_Z}{C_{AZ}} \times C_Y \qquad (3-4)$$

式（3-4）中，C_{FY} 代表某项目或产品分摊的研制费用；C_Z 代表某项目或产品直接费用额；C_{AZ} 代表全部项目和产品的直接费用总额；C_Y 代表某科研单位总研制费用。

采集研制期间费用主要为项目研制费用阶段性检查提供数据支持，为加大研制费用过程控制，提出下一步的费用使用规划提供依据。

5. 管理费用的采集

管理费是指科研单位行政管理部门为管理和组织科研生产活动按照规定开支的各项费用。按有关制度规定，管理费应首先在科研项目和经营项目中进行分配，由生产和经营项目分摊的部分，计入当期经营结余；由科研项目负担的那一部分，在扣除固定资产使用费用后，按照一定的标准在各科研项目之间进行分配。

科研单位应按月或按季度分配管理费用。其分配的一般流程如下：

首先，将本期管理费用总额在科研项目和经营项目之间按照一定的方法分成两个部分。在分配过程中，采用哪种标准，科研单位可根据管理的相关要求，结合本单位实际情况进行自主选择。在选择分配标准时，既要考虑与分配对象有直接联系，符合相关性的要求，又要做到计算简便，具有可操作性，使资料的获取比较方便，计算也不十分复杂。

《产品科研单位财务制度》中并未明确规定分配的标准，实际工作中可根据实际情况，采用以"当量人"为分配标准，即在单位内部综合各类研究人员的研究水平，每个人的科研素质等方面，确定一个标准人，并将这个标准人确定为"1"，高于这个标准的，其系数大于 1，达不到标准人水平的研究人员，按其综合研究水平分别确定其小于 1 的各不相等的系数。关于"当量人"的具体应用在下面的步骤中予以说明。

其次，把上一步分配给产品生产成本分担的管理费用，直接计入当期的损益，也就是说计入经营结余，这是由于科研单位产品生产成本采用产品制造成本法，在产品成本中不应包含管理费用，所以由上一步分配的本应由产品成本负担的管理费用，不需要在各种产品中再进行分配。

最后，分配给应由科研项目、技术服务项目和其他业务项目分担的管理费用，在该项目成本中进行分配，其分配方法可采用直接工资比例法、直接人员比例法和制造成本比例法。

直接工资比例法是按某项目直接研制人员的工资所占单位科研项目、技术服务项目、其他项目研制人员工资总额的比例分配管理费用的方法。其计算公式可以表示为：

$$C_{FG} = \frac{C_G}{C_{AG}} \times C_{GL} \qquad (3-5)$$

式（3-5）中，C_{FG} 代表某项目或产品分摊的研制费用；C_G 代表某项目或产品直接工资额；C_{AG} 代表全部项目和产品的直接工资总额；C_{GL} 代表某科研单位总研制费用。

直接人员比例法是按某项目直接研制人员占科研单位各项直接科研人员的比例来分配管理费用的一种方法。其计算公式可以表示为：

$$C_{FG} = \frac{N_{ZY}}{N_{AY}} \times C_{AG} \qquad (3-6)$$

式（3-6）中，C_{FG} 代表某项目应分配管理费用；N_{ZY} 代表某项目直接参加研制人数；N_{AY} 代表科研单位各项目参加研制人数之和；C_{AG} 代表由科研项目负担的管理费用总数。

在实际工作中，计算公式中的"直接研制人员数"不是十分容易，也就是说在每个研制项目中，研制人员素质参差不齐，有时不好确定和划分。为了合理地分配由科研项目负担的管理费用，需要把科研人员按照"当量人"进行折算，参加每个项目的科研人员按当量人折算系数，累加起来，就是该项目所用的当量人数；该项目的当量人数占科研单位全部项目当量人数的比例，就是由科研成本应负担的管理费用总额的分配率，科研项目承担的管理费用乘以这一分配率，就是某项目应承担的管理费用。这一计算方法的原理与前面所说的直接比例法是相同的，为了简化计算，可以用各科研项目负担的管理费用总额除以全部科研项目当量人数之和，再乘以该项目的当量人，就是该科研项目应分配的管理费用。

研制成本比例法是按某项目研制成本所占单位科研项目的、技术服务项目和其他业务项目研制成本总额的比例分配管理费用的方法。其计算公式可以表示为：

$$C_{FG} = \frac{C_Y}{C_{AY}} \times C_{AG} \tag{3-7}$$

式（3-7）中，C_{FG} 代表某项目应分摊的管理费用；C_Y 代表某项目研制成本；C_{AY} 代表研制成本总额；C_{AG} 代表管理费用总额。

以上三种方法具体采用哪种方法，依据工作简便、易操作、误差小的原则，视承制单位和装备研制项目情况而定。管理费用作为费用监督的重要内容，是费用监督的重点科目，数据采集建立在科学分配方法的基础上显得更加重要。

6. 工资费用的采集

工资是科研单位支付给职工的工资总额，也是科研项目和生产经营成本的重要组成内容之一。按相关制度规定，工资费用应分为直接计入各个研制项目成本的直接人工费和按照工资发生的部门归集在"研制费用"和"管理费用"两个科目之中。可按部门和承担项目进行采集，并将采集的工资费用数据累加计入各项科研成本费用。

单独采集出项目的工资，可清楚地知道科研人员工资费用占整个项目研制费用的比例，以便与其他项目做横向比较，给出调整的意见和建议。

复杂特殊产品研制费用数据采集是一项繁杂艰苦的基础性工作，在数据采集的过程中既需要耐心细致的工作作风，更需要有一套科学合理有效的采集方法。基于此点认识，对复杂特殊产品研制费用数据信息采集方法的研究具有以下三方面的意义。一是从微观层面上为复杂特殊产品研制费用数据信息的采集提供一套行之有效的方法，为项目费用管理人员提供参考；二是奠定产品科研成本的过程控制的基础，为复杂特殊产品研制费用的成本核算、控制与监督创造条件，也为从事费用监督提供方法依据；三是为复杂特殊产品管理部门对费用的决策提供参考依据与方法支持。

3.4　复杂特殊产品典型寿命周期的确定

任何一种产品都存在自然、经济和技术三种寿命。但是，就复杂特殊产品而言，在目前复杂特殊产品的维修体制条件下，决定复杂特殊产品寿命周期的根本因素不在于其经济寿命和自然寿命，而在于其技术寿命。

按照目前复杂特殊产品的可靠性水平，复杂特殊产品的一个大修期平均在 1000 个摩托小时左右，那么按照每个产品每年平均动用 30～50 个摩托小时的标准，那么所有的复杂特殊产品要全部达到第二次大修期所需要的时间至少为 50 年。根据目前我国技术的发展水平，作为一代复杂特殊产品，如果投入使用已经达到了 50 年，那么也完全有理由认为其技术已经落后。因此，参照目前产品的使用情况，以两个大修期为基准，从技术角度将复杂特殊产品的使用期限确定为 50 年应该是比较符合实际的。

同时，考虑到作为一代基型产品的论证与研制时间通常在 5～15 年，这样，从技术寿命角度就可以将复杂特殊产品的典型寿命周期确定为 55～65 年。

3.5　费用时间价值因素的研究

在复杂特殊产品寿命周期费用分析过程中，存在大量费用计算的问题。根据费用时间价值的特点，在进行各种费用计算时，必须要考虑费用的时间价值。而实现费用时间价值计算的基本方法就是确定各类费用随时间变化的指数和费用折现率，其中，费用折现率可以参照银行资金贷款的利率来确定。

为了确定费用变化指数，我们将复杂特殊产品寿命周期过程中的所有费用按照其用途属性分为两类：其一，在复杂特殊产品的论证与研制、采购、使用与保障等过程中，将直接用于产品方面的费用统称为"产品费用"，相应地把描述"产品费用"随时间变化的价值因素定义为"产品物价指数"；其二，除产品费用以外，将所有科研和保障人员的工资及津贴费统称为"人员工资费"，同样，把描述"人员工资费"随时间变化的价值因素定义为"人员工资指数"。

3.5.1 产品物价指数的确定

复杂特殊产品的物价受很多因素影响。首先，受国家整个经济形势的影响。其次，复杂特殊产品作为一种特殊的商品，它又不可能完全受市场因素的制约，在维护国家整体利益的前提下，又要同时兼顾生产方和使用方的利益。根据整个经济环境的变化，为了确定复杂特殊产品的产品物价指数，选取了自1975年以后近20年来部分典型复杂特殊产品的采购价格、大修价格作为研究对象，来研究复杂特殊产品的产品物价指数，部分内容列入表3-3和表3-4中。

表3-3　采购价格变化情况（万元）

年份	1971	1975	1983	1984	1985	1989
产品 A		22.5	—	—	30	—
产品 B	13	—	13.9	—	—	—
产品 C	—	—	—	52	—	80.5
产品 D	—	—	—	—	13.1	19.5

表3-4　大修费用变化情况（万元）

年份	1980	1981	1989	1997	1998	2002
产品 A	9.2	—	18			27.2
产品 B	8.2	—	13.5	19.2	—	—
产品 C	4.9	—	10			15.14
产品 D	—	8.3	17	—	—	—

根据经济学中已知现值求终值的计算方法，可以推导出如式（3-8）所示的计算产品物价指数 r_1 的公式，主要计算结果列于表 3-5 中。

$$r_1 = \sqrt[n]{\frac{F}{P}} - 1 \qquad\qquad (3-8)$$

式（3-8）中，r_1 表示产品物价指数（%）；n 表示"未来值 F"与"现在值 P"之间间隔的年数；F 表示未来值（万元）；P 表示现在值（万元）。

表 3-5　近 20 年产品物价指数变化情况

车型	采购物价指数变化情况	大修物价指数变化情况
产品 A	0.0605	0.0505
产品 B	0.0521	0.0513
产品 C	0.0913	0.0526
产品 D	0.105	0.0829

根据表 3-5 中各产品的采购价格与大修价格的物价指数变化情况，可求出 r_1 的均值为：

$r_1 = (0.0605 + 0.0521 + 0.0913 + 0.105 + 0.0505 + 0.0513 + 0.0526 + 0.0829) \div 8 = 0.0683$

考虑到计算过程中个别变化较大费用数据的影响，并结合我国目前物价水平总体比较平稳的特点，经反复研究认为，r_1 的取值不应过高，应尽量贴近实际情况。因此在本论文的研究中取 $r_1 = 6\%$。

3.5.2　人员工资指数的确定

在研究人员工资指数时，我们选取了科研人员进行了典型的研究。用 1975 年至 2000 年科研人员工资变化情况来研究人员工资指数 r_2。首先选取 1 个跨度为 25 年（1975 年至 2000 年）的科研人员工资数据（见表 3-6），同时，又选用了 3 个具有代表性的科研人员 1990 年至 1999 年年薪变化情况（见表 3-7）。3 名科研人员的级别分别为：初级职称、中级职称和高级职称。

同样，根据经济学中已知现值求终值的计算方法，可以推导出如式（3-9）所示的计算人员工资物价指数 r_2 的公式。

$$r_2 = \sqrt[n]{\frac{F}{P}} - 1 \qquad (3-9)$$

式（3-9）中，r_2 表示人员工资指数(%)；n 表示"未来工资 F"与"现在工资 P"之间间隔的年数；F 表示未来工资(元)；P 表示现在工资（元）。

表 3-6　某科研人员 1975 年至 2000 年年工资情况 （元）

年份	年工资	年份	年工资	年份	年工资	年份	年工资
1975	840	1982	1404	1989	2580	1996	14856
1976	840	1983	1404	1990	2736	1997	14856
1977	840	1984	1404	1991	2942	1998	18816
1978	840	1985	1488	1992	3420	1999	22536
1979	960	1986	1488	1993	5757	2000	26004
1980	1176	1987	2100	1994	13398	—	—
1981	1404	1988	2472	1995	14856	—	—

表 3-7　3 名科研人员 1990 年至 1999 年年工资情况 （元）

年份	1990	1991	1992	1993	1994	1995	1996	1997	1998	1999
初级职称	2400	2580	2724	4716	6720	7740	8700	11064	11136	15108
中级职称	3180	3504	3600	6840	10452	11124	12072	15504	15960	19500
高级职称	4080	4464	4620	7980	13848	14556	15744	18732	19236	23280

利用式（3-9）可以计算出科研人员的平均工资指数 $r_2 = 18.7\%$。

根据表中的各项数据可知，尽管科研人员的工资个别时段有一定的变化，但总体来看还是比较平稳的。因此，在科研人员工资指数的确定上，经慎重考虑，认为还是不应过高，偏保守一点更符合实际。综合上述的计算分析，最终将科研人员工资指数确定为 $r_2 = 10\%$。

3.6　动、静态费用的计算方法

在研究产品物价指数、科研人员工资指数及费用折现率的基础上，考虑到各种费用在表述上的方便，采用了静态费用和动态费用的概念。把在费用计算过程中，考虑了费用的时间价值，并将其折现到了基准年的费用称为动态费用或费用动态值；而在计算过程中没有考虑费用的时间价值，相对于各个自然年的实际费用称为静态费用或费用静态值。

3.6.1　静态费用计算

静态费用的计算又可分为实际已发生费用静态值的计算和未来预测费用静态值的计算两种情况。

1. 实际已发生费用的静态值

对于实际已发生费用的静态值就是指逐年实际发生的费用。例如，表 3 - 8 中的数据为某产品逐年发生的费用，对应的静态值也就是表中逐年的费用值。

表 3 - 8　某产品逐年发生费用的静态值（万元）

年份	1990	1991	1992	1993	1994	1995	1996
费用	20	25	30	32	35	37	40

那么，该产品自 1990 ~ 1996 年所发生的总费用的静态值为表 3 - 8 中各年份所发生费用静态值的总和。即：

$$20 + 25 + 30 + 32 + 35 + 37 + 40 = 219（万元）$$

2. 预算费用的静态值

所谓预算费用静态值是指利用已建立的费用模型，在得出相对于基准年的费用后，利用产品物价指数或科研人员工资指数，计算出未来若干年内逐年实际发生费用值的计算方法。

假定利用工程估算法已经预算出某复杂特殊产品 E 相对于基准年 2000 年的年平均小修器材费用为 1.5390 万元，那么，按照前面已经研究过的产品物价指数 6%，可以预算出自 2000 年起，在未来 2001 年、2002 年、2003 年等，若干年内逐年实际应发生的小修器材费用值。具体结果见表 3-9。

表 3-9　产品 E 小修器材费静态值的计算（万元）

年份	2000	2001	2002	2003	2004	2005	2006	……
产品 E	1.5390	1.6313	1.7292	1.8330	1.9430	2.0560	2.1831	……

预算费用静态值的计算公式见式（3-10）和式（3-11）。式（3-10）主要用于产品费用静态值的计算，而式（3-11）则主要用于科研人员工资费用静态值的计算。

$$C_n = A_0(1 + r_1)^n \qquad (3-10)$$

$$C_n = A_0(1 + r_2)^n \qquad (3-11)$$

式（3-10）和式（3-11）中，C_n 表示第 n 年费用的静态值（万元）；A_0 表示基准年的费用值（万元）；r_1 代表产品物价指数（通常取 6%）；n 表示相对于基准年的第 n 年；r_2 表示科研人员工资指数（通常取 10%）。

3.6.2　动态费用的计算

在寿命周期费用分析过程中，动态费用使用得最为广泛，但是，静态费用是动态费用计算的前提，二者的根本区别则在于动态费用是相对于基准年的费用，而静态费用则是相对于各个自然年份的费用。同样，动态费用的计算也可区分为实际已发生费用的动态值和预算费用的动态值。

1. 实际已发生费用的动态值

将实际已发生费用的静态值，相对于基准年进行折现运算后，所得到的费用值即为实际已发生费用的动态值。

实际已发生费用动态值的计算公式见式（3-12）。

$$C_0 = C_n(1 + i)^{-n} \qquad (3-12)$$

式（3-12）中，C_0 表示相对于基准年的动态值（万元）；C_n 表示第 n 年的静态值（万元）；i 表示费用折现率（通常取 5.5%）；n 表示相对于基准年的第 n 年。

以 1990 年为基准年, 对表 3 – 8 中的静态值进行折现运算, 其结果见表 3 – 10。

表 3 – 10 某产品逐年发生费用的动态值 (万元)

年份	1990	1991	1992	1993	1994	1995	1996
费用	20	23.6967	26.9536	27.2516	28.2525	28.3100	29.0098

2. 预算费用的动态值

将预算费用的静态值, 相对于基准年进行折现运算后, 得到的费用值即为预算费用的动态值。其计算公式见式 (3 – 13) 和式 (3 – 14)。

$$C_0 = \frac{A_0(1 + r_1)^n}{(1 + i)^n} \qquad (3 - 13)$$

$$C_0 = \frac{A_0(1 + r_2)^n}{(1 + i)^n} \qquad (3 - 14)$$

式 (3 – 13) 和式 (3 – 14) 中, C_0 表示相对于基准年的动态值 (万元); A_0 表示基准年的费用值 (万元); r_1 表示产品物价指数 (通常取 6%); n 表示相对于基准年的第 n 年; i 表示费用折现率 (通常取 5.5%); r_2 表示科研人员工资指数 (通常取 10%)。

根据式 (3 – 15), 以 2000 年为基准年, 资金折现率取 5.5%, 对表 3 – 9 中的静态费用进行计算, 将结果列入表 3 – 11 中。

表 3 – 11 产品 F 小修器材费动态值的计算 (万元)

年份	2000	2001	2002	2003	2004	2005	2006	……
产品 F	1.5390	1.5463	1.5536	1.5610	1.5684	1.5731	1.5833	……

3.6.3 产品物价累计折现指数与科研人员工资累计折现指数

1. 产品物价累计折现指数

在复杂特殊产品寿命周期费用预算分析中, 经常会遇到在已经预算出相对于基准年的动态费用值后, 求对应的寿命周期内动态费用的总和的典型情况。具体来说，也就是对式（3－13）和式（3－14）求出逐年动态值的总和。假定用记号 C_0^n 表示逐年动态值的总和，则有：

$$C_0^n = A_0 + \frac{A_0(1+r_1)}{(1+i)} + \frac{A_0(1+r_1)^2}{(1+i)^2} + \frac{A_0(1+r_1)^3}{(1+i)^3} + \cdots + + \frac{A_0(1+r_1)^n}{(1+i)^n}$$

$$(3-15)$$

对式（3－15）进行整理后，可得式（3－16）：

$$C_0^n = A_0 \Big[1 + \frac{(1+r_1)}{(1+i)} + \frac{(1+r_1)^2}{(1+i)^2} + \frac{(1+r_1)^3}{(1+i)^3} + \cdots + \frac{(1+r_1)^n}{(1+i)^n} \Big]$$

$$(3-16)$$

令 $K_A = 1 + \dfrac{(1+r_1)}{(1+i)} + \dfrac{(1+r_1)^2}{(1+i)^2} + \dfrac{(1+r_1)^3}{(1+i)^3} + \cdots + \dfrac{(1+r_1)^n}{(1+i)^n}$

很容易看出，K_A 等式右端各项是一个以 $\dfrac{(1+r_1)}{(1+i)}$ 为公比的等比级数，

因此，其前 n 项的和则为：$K_A = \dfrac{1 - \left(\dfrac{1+r_1}{1+i}\right)^n}{1 - \dfrac{1+r_1}{1+i}} = \dfrac{\left(\dfrac{1+r_1}{1+i}\right)^n - 1}{\dfrac{1+r_1}{1+i} - 1}$

整理可得：$K_A = = \dfrac{\left(\dfrac{1+r_1}{1+i}\right)^n - 1}{\dfrac{1+r_1}{1+i} - 1}$ $\qquad (3-17)$

式（3－17）中，K_A 表示产品物价累计折现指数；r_1 表示产品物价指数（通常取 6%）；n 表示相对于基准年的第 n 年；i 表示费用折现率（通常取 5.5%）。

将式（3－17）定义为产品物价累计折现指数。有了产品物价累计折现指数后，可以极大地简化寿命周期费用的计算工作，下面举例具体说明。

以表 3－8 为例，假如计算复杂特殊产品 F 在 50 年的使用期内小修费用的动态值总和，如果采用表 3－10 所示的逐年计算法将会显得非常烦琐。下面采用产品物价累计折现指数方法进行计算，取 $r_1 = 5.5\%$，$i = 6\%$，$n = 50$ 代入式（3－17），则得：

$K_A = 56.2716$

那么，复杂特殊产品 F 在 50 年的使用期内小修费用的动态值总和为：

$C_0^{50} = K_A A_0 = 56.2716 \times 1.5390 = 86.6020 (万元)$

2. 科研人员工资累计折现指数

同理，也可以得到类似于 K_A 的科研人员工资累计折现指数 K_B，其定义表达式见式（3 – 18）。

$$K_B = \frac{\left(\dfrac{1 + r_2}{1 + i}\right)^n - 1}{\dfrac{1 + r_2}{1 + i} - 1} \qquad (3-18)$$

式（3 – 18）中，K_B 表示科研人员工资累计折现指数；r_2 表示科研人员工资指数（通常取 10%）；n 表示相对于基准年的第 n 年；i 表示费用折现率（通常取 5.5%）。

3.7　论证与研制费的逐年分配方法

在复杂特殊产品寿命周期费用的分析过程中，当预算出复杂特殊产品的论证与研制费后，还需要解决逐年分配的问题。为此，根据《工程系统的规划与设计》中所介绍的"理想拨款方法"，并借助样条函数，建立了论证与研制周期为 2～6 年、7～20 年的论证与研制费逐年分配的模型。

3.7.1　论证与研制周期为 2～6 年的分配模型

当论证与研制周期为 2～6 年时，其费用的逐年分配模型如式（3 – 19）和式（3 – 20）所示。

$y(t) = -387.0111t^3 + 554.7862t^2 - 176.8250t + 22.2420 \qquad (3-19)$

$$p(t) = y(t) + \frac{\left(1 - \sum_{t=1}^{T} y(t)\right)}{T} \qquad (3-20)$$

式（3 – 19）和式（3 – 20）中，$y(t)$ 表示第 t 年的计算值；t 表示研制第几年；$p(t)$ 表示每年研制费占总研制费的百分比；T 表示研制周期（年）。

3.7.2 论证与研制周期为 7~20 年的分配模型

当论证与研制周期为 7~20 年时，其费用的逐年分配模型如式（3 –21）和式（3 –22）所示。

$$y(t) = -82017.38t^8 + 364554.96t^7 - 639911.3t^6 + 592751.21t^5 - 311890.42t^4 + 93591.91t^3 - 15256.46t^2 + 1215.35t - 34.71 \tag{3–21}$$

$$p(t) = y(t) + \frac{\left(1 - \sum_{t=1}^{T} y(t)\right)}{T} \tag{3–22}$$

式（3 –21）和式（3 –22）中，$y(t)$ 表示第 t 年的计算值；t 表示研制第几年；$p(t)$ 表示每年研制费占总研制费的百分比；T 表示研制周期（年）。

3.8 大、中、小修次数的计算方法

在复杂特殊产品的使用与保障费的计算中，经常会遇到大、中、小修次数的计算问题。为此，具体地研究了这三种维修次数的计算方法。

假定复杂特殊产品总使用小时数为 T_0，大修间隔期为 T_3，中修间隔期为 T_2，小修间隔期为 T_1，那么，大修次数为 n_D、中修次数为 N_z、小修次数为 n_x，对应的计算方法如式（3 –23）、式（3 –24）和式（3 –25）所示。

大修次数 n_D 为：

$$n_D = \frac{T_0}{T_3} \tag{3–23}$$

中修次数 n_z 为：

$$N_z = \frac{T_0}{T_2} - N_D = \frac{T_0}{T_2} - \frac{T_0}{T_3} = \frac{T_0(T_3 - T_2)}{T_2 T_3}$$

即，

$$N_z = \frac{T_0(T_3 - T_2)}{T_2 T_3} \tag{3–24}$$

小修次数 n_x 为：

$$n_X = \frac{T_0}{T_1} - n_Z - n_D = \frac{T_0}{T_1} - \left(\frac{T_0}{T_2} - \frac{T_0}{T_3}\right) - \frac{T_0}{T_3} = \frac{T_0}{T_1} - \frac{T_0}{T_2} = \frac{T_0(T_2 - T_1)}{T_1 T_2}$$

即,

$$n_X = \frac{T_0(T_2 - T_1)}{T_1 T_2} \qquad\qquad (3-25)$$

3.9　本章小结

本章主要对复杂特殊产品寿命周期费用分析的基本方法进行了研究,是整篇论文展开研究的基础。主要内容包括:研究对象的确定,费用信息的收集方法,研制费用数据的采集与分配,复杂特殊产品典型寿命周期的确定,费用的时间价值因素的研究,动、静态费用的计算方法,论证与研制费逐年分配方法和大、中、小修次数的计算方法八个方面的内容。

通过以上基本方法的研究,为后续的进一步研究打下了坚实的基础,特别是有关动态费用的计算,在后续的研究中运用得非常多。费用信息的收集方法和研制费用数据的采集与分配,虽然后续研究的文字中没有出现,但是后续研究所用数据都是通过这些方法获得的。

第4章　复杂特殊产品寿命周期费用
结构体系的建立

复杂特殊产品寿命周期费用的分析预测，是一项复杂的系统工程，它涉及产品从生到死的全过程，在这个过程中到底会发生哪些费用，每种费用所占的比重如何，只有把这些问题搞清楚了，才有可能较准确地对寿命周期费用进行分析和预测。因此，本章首先界定了复杂特殊产品寿命周期的概念和内涵，然后明确了寿命周期费用结构体系的内涵和原则，最后建立了一套完整的费用结构体系，为复杂特殊产品寿命周期费用分段分析和预算提供基本依据。

4.1　寿命周期费用概念和内涵

4.1.1　费用的内涵

"费用"是日常生活中常用到的一个词，商务印书馆出版的《新华词典》（2001年）将其定义为"耗费的钱"。国防科学技术工业委员会于1992年7月发布的《中华人民共和国国家军用标准》（GJB1364—92）中对费用的定义为：消耗的资源（人、财、物和时间），通常用货币度量。与"费用"意义相近的还有"经费"、"成本"以及英文中的"COST"等。

"经费"是指要耗费的钱，较多地用在财务管理的场合，与"费用"的区别较小，如研制费用与研制经费，所指是同一对象，即为完成研制活动所耗费的以货币度量的各种资源。

"成本"是一个经济学的概念，是指为达到一定目标所耗费资源的货币表现，它较多地用在生产领域，如"生产成本"等。目前国内对"成本"一词所作的各种定义都源于马克思的《资本论》。例如，1993 年《成本管理手册》（中国社会科学出版社）中的定义为：商品生产中消耗的活劳动和物化劳动的货币表现。

"COST"的中文翻译是"成本、费用"。刘国庆在其博士论文《航天装备采购费用估算方法优化与应用研究》中，把国外相关资料中的"COST"与国内"成本"的定义进行了比较，认为："COST"注重的是资源的消耗，而"成本"注重的是商品价值的形成；"COST"支出所达成的目标有各种具体形式，而"成本"形成之所得主要是指商品。认为只有当"COST"的支出结果是商品时，英文的"COST"才可译为"成本"，其他情况则译为"费用"。并把费用定义为：一种以货币为单位的、用以计量到达既定目标过程中所消耗的各种资源的尺度。该词在资源被消耗之前是没有任何意义的。

由此可见，当上述几个概念应用在装备领域时，含义基本是一样的，较多采用经费或费用。本文将"费用"定义为：为达到一定的目标所耗费的各种资源的货币表现。

4.1.2　产品全寿命费用

寿命周期费用（Life Cycle Cost，LCC）也叫全寿命费用，本文除在引用文献时为保持原貌而使用"全寿命费用"外，均统一使用"寿命周期费用"的概念。

此概念用于技术经济分析要追溯到 1947 年在美国创立的价值分析法。其后，随着复杂特殊产品性能的改进和提高，产品的研制费、采购费以及使用保障费均大幅度上涨，成为美军国防开支的沉重负担，急需一种能有效控制并降低装备费用的技术和管理方法；而"二战"后发展起来的系统工程、运筹学、计量经济学、管理科学以及计算机技术等为全寿命费用的发展提供了学科基础。由此，从 20 世纪 60 年代开始对全寿命费用的系统性研究一直到 20 世纪 80 年代以后，全寿命费用的概念和技术在广泛应用的基础上逐渐走向了成熟和国际化。国际上关于全寿命费用的统一定义，比较有代表性的有以下几种。

美国预算局所下定义为：指大型系统在预定有效期内发生的直接、间接、重复性、一次性及其他有关的费用。它是设计、开发、制造、使用、维修、支援等过程中发生的费用，及预算中所列入的必须发生的费用等的总费用。

美国弗吉尼亚州立工业大学教授兼美国后勤学会负责国际部的副会长布兰查德认为，全寿命费用是指系统和产品在确定的寿命周期内的总费用，其中包括研究开发费、制造安装费、运行维修费和退役回收费。

美国国防部将其定义为：系统的寿命周期费用，是政府为了设置和获得系统以及系统一生所消耗的总费用，其中包括开发、设置、使用、后勤支援和报废等费用。

我国的李明、刘澎等人编著的《武器装备发展系统论证方法与应用》一书中，认为装备的寿命周期费用是武器装备系统从其概念系统方案的形成到其装备系统退役为止这一寿命剖面中的各个事件所消耗的总费用。它是装备系统在开发、试验、装备、使用、维护一直到最后废弃或退役等过程中各项费用的总和。

以上各种定义表述形式不一样，但本质上并无太大差别，都强调了全寿命费用的两个关键要素：一是系统的整个寿命周期；二是所花费的总费用。本文所研究的复杂特殊产品全寿命费用采用《装备全系统全寿命管理》一书中的定义：全寿命费用，是指在预期的寿命周期内，为其论证、研制、生产、使用与保障以及退役处理所支付的所有费用之和。简单地说，就是产品一生所花费的总费用。需要说明的是，本文所研究的对象仅指由本国自行研制生产的产品，其他情况如购买许可证生产和国际联合生产的产品由于不牵涉到论证研制阶段所发生的费用，故不在本文研究范围之列。

4.2　寿命周期费用结构体系的基本内涵和建立原则

寿命周期费用结构体系是指根据产品的硬件、软件和寿命周期各阶段的工作项目，将寿命周期费用逐级分解，直至基本费用单元，并按树状结构排列起来的费用单元结构体系。它是研究寿命周期费用的前提，通常又可简称为费用分解结构——CBS（Cost Breakdown Structure）。

产品寿命周期费用结构体系的建立通常应遵循以下原则：

（1）要考虑产品全系统、全寿命过程中的所有费用，既不遗漏也不重复；

（2）每个费用科目可以按产品管理的阶段划分，或者根据硬件组成来划分，但每个费用单元必须有明确的定义，并为费用分析人员、决策者和用户所共识；

（3）每个费用单元要以一定的符号来表示，这些符号要便于区分，方便计算机处理；

（4）费用分解结构要与产品成本工作项目分解结构及财会科目协调一致。

4.3　复杂特殊产品寿命周期费用结构体系的建立

复杂特殊产品从寿命周期角度可以划分为"论证与研制"、"采购"、"使用与保障"和"报废处置"四个阶段。根据产品管理条例的规定，其中"使用与保障"、"报废处置"又可统称为产品管理阶段。下面分别对每个阶段的工作项目内容进行逐一分解。

4.3.1　寿命周期各阶段项目内容分析

（1）论证阶段项目内容

论证工作项目内容主要包括复杂特殊产品研制的立项综合论证和研制总要求论证。论证工作主要由使用部门组织实施。

复杂特殊产品研制立项综合论证主要应根据国家批准的产品发展规划计划，首先开展该种复杂特殊产品的主要使用性能论证，在初步确定了主要性能技术指标后，即可进行总体技术方案论证。使用部门通过招标或择优的方式，邀请一个或数个持有该类复杂特殊产品研制许可证的单位进行多方案论证。研制单位应根据使用部门的要求，组织进行技术、经济可行性研究及必要的验证试验，向使用部门提出初步总体技术方案和对研制经费、保障条件、研制周期预测的报告，经过评审形成《立项综合论证报告》。通常情况下，该报告的主要内容包括该复杂特殊产品的使命和任务、主要使用性能（包含主要技术指标）、研制初步总体方案、研制经费概算、关键技术突破和经济可行性分析、研制周期、实绩效能分析、产品采购价格与数量的预测和产品命名建议。

（2）研制阶段项目内容

研制工作内容按照阶段又可细分为方案阶段、工程研制阶段、设计定型阶段及生产定型阶段。方案阶段的主要工作内容是根据批准的《立项综合论证报告》进行产品系统研制方案的论证、验证，形成《产品系统研制总要求》。工程研制阶段的主要工作是根据批准的《产品系统研制总要求》进行产品的设计、试制、试验工作。设计定型阶段的主要工作是对产品性能进行全面考核，以确认其达到《产品系统研制总要求》和研制合同的要求。生产定型阶段的主要工作内容是对产品批量生产条件进行全面考核，以确认其符合批量生产的标准，稳定质量、提高可靠性。从论证、研制工作的主要项目内容上来看，论证工作与研制工作是紧密联系的，二者不仅在技术工作内容上密不可分，在时间上也具有同步性。

（3）采购阶段项目内容

复杂特殊产品的采购项目内容是寿命周期费用的重要组成部分，产品采购是指国家有关部门依据国家法律和产品条例的规定，采购产品和器材等的活动。产品采购工作的基本任务是贯彻执行相关方针、政策，科学制定产品采购计划，以合理的价格采购性能先进、质量优良、配套齐全的产品，以保障所承担各项任务的完成。产品采购工作必须以新时期国家的基本方针为指导，以实际需求为牵引，遵循政府采购制度的基本原则，积极引入竞争、评价、监督、激励机制，贯彻效益最佳的方针，统一领导、分级实施、依法管理、安全保密。相关部门根据战略方针、任务需求、发展战略、体制要求、产品现状、购置费的保障能力等，并结合产品科研生产能力，组织制定产品采购计划。

产品采购计划分为中长期产品采购计划和年度产品采购计划。年度产品采购计划依据中长期产品采购计划制定。中长期产品采购计划每5年编制一次，主要内容包括产品采购的指导思想、计划目标、方向重点、经费安排、建设方案、实施步骤、规模结构、能力评估和政策措施等。编制中长期产品采购计划，必须进行论证和评估。中长期产品采购计划的论证和评估，应当按照必要性、可行性、先进性、经济性、系统性的要求，采用定性与定量分析相结合的方法进行。

（4）使用保障阶段项目内容

使用与保障工作是复杂特殊产品管理工作的主要内容。特殊产品管理必须贯彻新时期战略方针，立足现有产品，发扬特殊产品管理的优良传统，按照复杂特殊产品全系统、全寿命的要求，实行科学化、制度化、经常化管理。特殊产品管理的基本任务是合理配置特殊产品及其管理资源，保持特殊产品的良好技术状态和管理秩序，保证遂行任务的需要。复杂特殊产品的使用与保障工作范围主要包括产品的动用与使用、封存与启封、保管与保养和维修等。特殊产品的日常动用，应当根据任务需要和规定的动用比例、数量，拟制特殊产品日常动用计划。用于日常使用的产品数量不得超过现有数量的30%。封存特殊产品，应当严格执行复杂特殊产品封存规定和技术标准。启封特殊产品必须严格控制；确需启封的，应当由相关管理部门机关报告批准后实施。封存与启封的特殊产品的品种、数量等情况，应当分别报上一级管理的部门备案。特殊产品的保管应当符合技术标准、完好和安全要求，责任到人，做到无丢失、无损坏、无锈蚀、无霉烂变质。相当等级的单位，应当按照条令条例的有关规定对所属特殊产品进行普查或者点验。

复杂特殊产品的维修分为三级体制，即基层级、中继级和基地级。基层级分为乘员级和分队级，乘员级负责特殊产品的日常维护与保养，分队级负责复杂特殊产品小修及相应的故障修理（以换件维修为主）；中继级负责复杂特殊产品的中修及相应的故障修理；基地级为大修厂，负责复杂特殊产品的大修。

复杂特殊产品的使用与保障过程中的使用与维修工作，不仅是产品管理的基本内容，在使用中二者也是同步进行的，同样是密不可分的。

（5）退役报废阶段项目内容

报废处置也是特殊产品管理的内容之一。对于符合报废标准的复杂特殊产品，应当报废。对报废的复杂特殊产品，应当根据不同情况分别作教学和训练使用、废旧物资处理、拆件利用以及其他处理等。复杂特殊产品报废回收的经费应当纳入预算管理。

4.3.2　复杂特殊产品的费用结构体系

经过上述研究分析，围绕各阶段的项目工作内容，建立复杂特殊产品寿命周期费用体系结构图。针对复杂特殊产品寿命周期体系结构图的有关问题简要说明如下。

由于受图形空间布置上的限制，体系对号构图中没有将所有的费用单元都展开到基本的费用单元，主体只展开到了第4级。例如，第2级"使用费"中的"人员培训费"，在实际计算时已展开到第5级：基地一次性投资费、培训补助费、培训油料消耗费、培训弹药消耗费、培训修理费、培训基地人员工资及津贴费，共6项基本费用单元。

在复杂特殊产品寿命周期费用结构体系中第1级费用单元的设置尤为关键，它不仅直接决定了复杂特殊产品寿命周期费用结构体系的总体走向，而且也会直接影响整个产品寿命周期费用的计算方法。在本寿命周期费用结构体系中的第1级设置了"论证与研制费"、"采购费"、"使用与保障费"、"报废处置费"4项费用单元，其中的"报废处置费"已经是基本费用单元，不再进行下一级的划分。这4项费用单元的设置主要基于如下三点：

第一，这四项费用单元的设置，无论在称谓上，还是在内容的构成上，均实现了与前面所分析的项目工作内容的一致性。

第二，便于复杂特殊产品寿命周期费用计算分析的需要。开展复杂特殊产品寿命费用分析的基本方法之一是制作寿命周期费用的现金流量图，而采用这四项费用单元的划分方法，基本是按照寿命期的时间因素进行划分的，因此，最大限度地保证了与现金流量图的一致性，便于寿命周期费用现金流量图的制作。

第三，这四项费用单元的设置基本上避免了各阶段费用之间的重复计算与交叉的问题。

所谓现金流量图是指从论证开始直至退役处置结束止，将整个寿命期中逐年发生的费用，借助等比例箭头进行描述的一种方法。如图4-1所示。

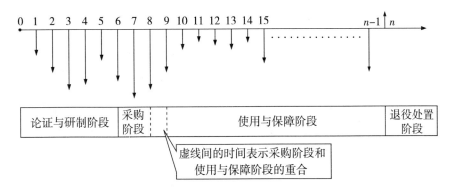

图4-1　产品寿命周期费用现金流量

图4-1为复杂特殊产品的寿命周期费用的现金流量图。图中水平轴代表时间坐标。从零开始向右延伸到第 n 年，轴上的时间点表示年末。费用用垂直箭头表示该年年末的值，箭头线的长度与费用的大小成正比。前 $n-1$ 年用向下的箭头表示费用支出，而第 n 年用向上的箭头表示费用回收。图中用虚线表示采购阶段和使用与保障阶段存在时间上的重叠。

第2级费用单元的设置是在第1级费用单元的基础上，主要从费用使用的用途上进行的划分。共划分成了论证费用、研制费用、采购价格、初始保障费用、使用费用和维修费用6个费用单元。

采购费费用单元中的初始保障费，从其属性来讲应该属于使用与保障费费用单元中的内容，但是在本费用结构体系中却将其设置在了采购费用单元中，其主要原因如下。

（1）紧密结合了目前复杂特殊产品论证与研制、采购和使用与保障的现状。

首先，作为复杂特殊产品成本的论证与研制而言，目前均采用了全系统、全过程的论证与研制思想。其次，为了确保产品部署后，能够尽快发挥其应有的性能和作用，在制定和实施采购计划时，也是成系统地进行采购的，比如必要的备件、技术资料、维修检测设备和保障产品等。最后，作为特殊产品使用与保障而言，目前工厂或研制部门均有责任对使用单位的使用、维修人员进行初始培训工作等。

（2）适合于未来复杂特殊产品发展的需要。根据复杂特殊产品使用与保障阶段中部署理论的要求，作为未来的新型复杂特殊产品必须要进行初始保障，否则，只是将作复杂特殊产品配属到使用单位，无法发挥其应有的效能和作用，根本没有实际意义。

但是，无论如何，初始保障也是产品使用单位全部使用与保障工作的开始。因此，为了避免初始保障费费用单元中的有关内容和使用与保障费费用单元中对应内容的重复计算，在此处应充分地体现随产品性和初始性。

第 3 级、第 4 级费用单元的设置主要是从第 2 级费用单元的费用构成角度进行的细分。主要包括论证费费用单元、研制费费用单元、采购费费用单元、初始保障费费用单元、使用费费用单元和维修费费用单元。

（1）论证费费用单元

经过对论证费开支情况的了解与分析，复杂特殊产品论证费的来源主要是国家有关部门以论证专项费的形式下拨，而作为论证专项费的使用主要可分为两个方面，其一用于论证研究工作，如调研、差旅、技术资料、耗材、计算机和复印设备等；其二用于办公的水电、取暖、燃料、设备维修、通用设备、生活补助、卫生事业、班车、科研会议、技术培训、情报资料及印刷等。同时，作为论证费，除了论证专项费以外，还有从事论证人员的工资费用。因此，在本费用结构体系的第 3 级中为论证费设置了"论证专项费"和"论证工资费"，而在第 4 级为"论证专项费"设置了"论证研究费"和"论证管理费"的基本费用单元。

（2）研制费费用单元

该费用单元的细化分级可以采用两种方式，其一，按照前节所述的典型硬件系统的构成进行分级展开；其二，根据有关规定，在第 3 级为研制费设置了研制成本费、研制收益费和不可预见费。而第 4 级又将研制成本费展开为 7 个基本费用单元，即：设计费、材料费、外协费、专用费、试验费、固定资产使用费和管理费。

（3）采购价格费用单元

同样，该费用单元的细化分级也可以采用两种方式，其一，是按照相关价格管理办法的规定进行；其二，按照典型硬件系统的构成进行分级展开。在本项目中综合运用了这两种方法。第一，在本费用结构体系中，就"采购价格"的分级而言，是根据相关价格管理办法的规定进行编制的。即采购价格费用单元在第 3 级分解成了定价成本费和利润，而在第 4 级，又将定价成本费分解成了制造成本费和期间费。第二，在实际模型建立过程中，为了实现根据产品性能和结构特点，利用模型直接预算出相应的采购价格的目的，而采用了典型复杂特殊产品硬件系统构成的形式。

（4）初始保障费费用单元

根据研究分析，在第 3 级将"初始保障费"费用单元分解成了"初始备件费"、"初始保障设备费"、"初始保障设施费"、"技术资料费"和"初始包装储运费" 6 个基本费用单元。

（5）使用费费用单元

经过对使用单位人员培训和训练实际情况的调研，在第 3 级将使用费费用单元分解成了 9 个费用单元：油料消耗费、特殊消耗费、使用保障设施费、使用保障设备费、使用资料费、使用人员培训费、使用人员训练费、使用人员行政管理费和使用人员工资及津贴费。

（6）维修费费用单元

根据目前复杂特殊产品的三级维修体制、维修器材和维修费用管理的现状，在第 3 级将维修费也分解成了 9 个费用单元：大修费、维修器材及管理费、维修设备及备件费、维修设施费、维修资料费、维修运输费、维修人员培训费、维修人员行政管理费和维修人员工资及津贴费。

4.4　本章小结

本章主要围绕建立复杂特殊产品周期费用结构体系展开。

首先，界定了复杂特殊产品寿命周期费用结构体系的内涵，提出了寿命周期费用结构体系建立应遵循不重不漏、便于划分、方便计算和协调一致的基本原则。

其次，在给出复杂特殊产品的硬件组成和复杂特殊产品寿命周期的阶段划分的基础上，对各阶段的项目内容进行分析和梳理。经分析梳理把复杂特殊产品寿命周期费用分为 4 个阶段，即，论证研制阶段、产品采购阶段、使用保障阶段和报废处置阶段，并按此思路层层深入，直到第 5 级或第 6 级。

最后，在认真研究分析的基础上，建立了复杂特殊产品寿命周期费用结构体系，绘制了寿命周期费用结构图，对有关归类情况及原因进行了详细的说明，引入现金流量图的概念，并进行了应用说明。

复杂特殊产品寿命周期费用结构体系的建立，为后续寿命周期各阶段费用的展开研究提供了清晰的脉络。

第 5 章　复杂特殊产品论证费的
数据分析及建模

论证费用是指在复杂特殊产品研制立项综合论证中，进行产品的性能技术指标、总体技术方案论证及研制经费、保障条件、研制周期的预测，最终形成《产品系统研制总要求》所支出的全部费用。此项费用虽然占的比重不是太大，但是复杂特殊产品寿命周期费用的重要组成部分，在某种程度上对特殊产品的发展起着决定性作用。本章主要是利用模型构建的方法，分别给出论证专项费和论证工资费的估算模型，和后续三章构成了本文的主体部分。

5.1　概述

复杂特殊产品的论证工作一般由专门论证研究机构承担，部分工作可由使用方与研制单位签订论证阶段合同，委托研制单位组织进行技术、经济可行性研究及必要的验证试验等工作。根据复杂特殊产品费用结构体系图，论证费通常由论证专项费和论证工资费组成，而论证专项费又包括论证研究费（含先期论证、验证试验费、研制工作中支出的其他费用）和论证管理费（包括招标、合同与产品管理的费用）。因此，可以建立论证费的工程估算模型，如式（5-1）所示。

$$C_R = C_{RR} + C_{RM} + C_{RW} \qquad (5-1)$$

论证研究费主要是指直接用于产品论证人员论证研究工作的各种费用，如调研、差旅、技术资料、耗材、计算机和复印设备等；而论证管理费是指服务于论证保障工作的各种费用，如水电费、取暖费、燃料费、设备维修费、通用设备费、政工补助费、卫生事业费、班车运杂费、科研会议费、技术培训费、情报资料费、印刷费等。

从论证工作的主要内容来看，无论是哪一种具体的复杂特殊产品，其论证项目的主要工作内容和过程基本都是一样的，主要包括立项综合论证和研制总要求论证两个方面的内容。因此，在进行论证费数据分析和构建参数模型时，就没有再进行进一步分类。

在进行论证费的数据分析和建模时，选取了典型性比较强的于"九五"期间完成设计定型的6种复杂特殊产品作为研究对象。这6种复杂特殊产品的论证阶段分别为：复杂特殊产品 A，论证时间为1975年至1999年12月；复杂特殊产品 B，论证时间为1995年7月至1998年6月；复杂特殊产品 C，论证时间为1996年6月至1998年6月；复杂特殊产品 D、E，论证时间为1985年1月至1997年12月；复杂特殊产品 F，论证时间为1998年1月至2000年12月。

5.2 论证费的数据分析

5.2.1 复杂特殊产品 A 的论证费

1. 论证专项费

通过调研和数据收集整理，1975年至1999年投入复杂特殊产品 A 的论证专项费为115万元。但是，由于时间跨度太长，只能查到1992年以后逐年的费用支出情况，具体内容见表5－1。

表5－1 产品 A 1992～1999 年论证专项费静态值（万元）

年份	1992	1993	1994	1995	1996	1997	1998	1999
论证研究费	5.3	5.5	10.5	5.2	3.4	5.2	8.2	6.5
论证管理费	2.7	4.5	4.5	2.8	2.1	2.8	3.8	3.5
合计费	8	10	15	8	5.5	8	12	10

在得到产品 A 总的论证专项费以后，为了解决1992年以前的论证专项费中论证研究费与论证管理费的分布情况，经过反复研究，决定将1992年至1999年间论证研究费与论证管理费的比例均值作为整个项目中论证专

项费的分配比例，以此来求得复杂特殊产品 A 的证研究费、论证管理费的总值。

1992 年至 1999 年特殊产品 A 的论证研究费占论证专项费的比例为：

$$\frac{5.3+5.5+10.5+5.2+3.4+5.2+8.2+6.5}{8+10+15+8+5.5+8+12+10} \times 100\% = 65\%$$

论证管理费占项目论证费的比例为：

$$\frac{2.7+4.5+4.5+2.8+2.1+2.8+3.8+3.5}{8+10+15+8+5.5+8+12+10} \times 100\% = 35\%$$

因此，可以求得产品 A 的论证研究费和论证管理费分别为：

$$115 \times 65\% = 74.75 = 115 \times 65\% = 74.75 （万元）$$

$$115 \times 35\% = 40.25 = 115 \times 35\% = 40.25 （万元）$$

2. 论证工资费

经过查阅历年科研计划表，可以查到从 1975 年至 1999 年复杂特殊产品 A 的论证分析项目的参加人数及人员名单，经分析归纳可以得到参加产品 A 论证工作的所有人员的工资费统计情况见表 5 - 2。

表 5 - 2　参加产品 A 论证工作的所有人员的工资费情况（元）

年份	工资费	年份	工资费	年份	工资费	年份	工资费	年份	工资费	总计
1975	2520	1980	2352	1985	43152	1990	65308	1995	295490	
1976	2520	1981	14112	1986	26784	1991	79968	1996	312240	
1977	2520	1982	21060	1987	37800	1992	96576	1997	396734	
1978	2520	1983	21060	1988	44496	1993	182672	1998	362832	
1979	2880	1984	40716	1989	49020	1994	314505	1999	462748	2882585

从参加论证科研人员的实际情况看，每个科研人员每年平均参加 2.5 个科研项目，按照项目均摊的原则，可以得到复杂特殊产品的论证工资费。

$$C_{RW} = 2882585 \div 2.5 = 1153034 （元）$$

5.2.2 复杂特殊产品 B 的论证费

1. 论证专项费

通过调研和数据收集整理，复杂特殊产品 B 的论证专项费为 35 万元，其中，论证研究费为 11.05 万元，论证管理费为 23.95 万元。

2. 论证工资费

经过查阅历年科研计划表和工资总表，得到了参加复杂特殊产品论证所有人员工资费统计情况，见表 5 - 3。

表 5 - 3　参加产品 B 论证工作所有人员工资费情况（元）

时间	工资费	总计
1995 年 7 ~ 12 月	49884	
1996 年	123804	
1997 年	153772	
1998 年 1 ~ 6 月	81756	409216

同样按照每个科研人员参加 2.5 个科研项目计算，则，

$C_{RW} = 409216 \div 2.5 = 163686.4$（元）$\approx 16.37$（万元）

5.2.3 复杂特殊产品 C 的论证费

1. 论证专项费

从论证单位科研经费预决算表中得知，复杂特殊产品 C 的论证专项费为 14.0547 万元，其中，论证研究费 $C_{RM} = 49437$ 元，论证管理费 $C_{RR} = 91110$ 元。

2. 论证工资费

同样方法，可以得到参加复杂特殊产品论证工作的所有人员工资费统计情况，见表 5 - 4。

表 5 - 4　参加产品 C 论证工作所有人员工资费情况（元）

时间	工资费	总计
1996 年 7 ~ 12 月	36726	
1997 年	137768	
1998 年 1 ~ 6 月	71676	246170

同样按着每个科研人员参加 2.5 个科研项目，则，

C_{RW} = 246170 ÷ 2.5 = 98468（元）

5.2.4　复杂特殊产品 D、E 的论证费

1. 论证专项费

复杂特殊产品 D 的论证专项费为 38 万元。同样，由于时间跨度比较大，1985 年至 1991 年及 1995 年，1997 年的年度的论证研究费没有收集到，但因为收集到了项目的论证专项费，也同样采取前面产品 A 论证与分析项目的办法，利用已知年度的论证研究费与论证管理费的比例，则可求出整个项目的论证研究费和论证管理费，结果见表 5 - 5。

表 5 - 5　产品 D 论证专项费静态值（万元）

年　份	1985 ~ 1991	1992	1993	1994	1995	1996	1997	合计
论证研究费	9	1.8	3	2.8	1.2	3.8	1.2	22.8
论证管理费	6	1.2	3	1.2	0.8	2.2	0.8	15.2
合　计	15	3	6	4	2	6	2	38

在复杂特殊产品 D、E 的论证过程中，由于是同时对两种不同型号进行论证，因此，两个产品论证费用均摊，则

C_{RR}（D）= C_{RR}（E）= 22.8 ÷ 2 = 11.4（万元）

C_{RM}（D）= C_{RM}（E）= 15.2 ÷ 2 = 7.6（万元）

2. 论证工资费

通过查阅历年科研计划表和工资情况，得到了复杂特殊产品 D、E 的论证阶段论证工资费分布情况，见表 5 - 6。

表5-6　参加产品 D、E 论证工作所有人员工资费情况（元）

年　份	工资费	年　份	工资费	年　份	工资费	年　份	工资费
1985	5952	1989	10320	1993	37236	1997	107988
1986	5952	1990	19908	1994	65340		
1987	10500	1991	22284	1995	118428		
1988	12360	1992	23472	1996	91908	总计	531648

考虑每人平均参加 2.5 个项目，则，

$$C_{RW} = 531648 \div 2.5 = 212659.2（元）$$

再分配到产品 D 和 E，则

$$C_{RW}（D）= C_{RW}（E）= 212659.2 \div 2 = 106329.6（元）$$

5.2.5　复杂特殊产品 F 的论证费

1. 论证专项费

复杂特殊产品 F 的论证与分析项目的论证专项费为 31.5 万元，其中，论证研究费 $C_{RR} = 20.1$ 万元，论证管理费 $C_{RM} = 11.4$ 万元。

2. 论证工资费

经过调研得到参加复杂特殊产品 F 论证工作所有人员工资情况，具体情况见表 5-7。

表5-7　参加产品 F 论证工作所有人员工资情况（元）

年　份	1996	1998	1999	2000	合计
工资费	67151	76202	69996	84042	297391

考虑到平均每人参加 2.5 个科研项目，则，

$$C_{RW} = 297391 \div 2.5 \approx 11.9（万元）$$

5.2.6　6 种复杂特殊产品论证费构成情况

综合上述研究，可以得到上述 6 种复杂特殊产品论证费构成情况的静态值表，见表 5-8。

表 5 - 8   6 种复杂特殊产品论证费构成的静态值（万元）

型　号	论证研究费	论证管理费	论证工资费	论证费
产品 A	74. 7500	40. 2500	115. 3000	230. 3000
产品 B	23. 9500	11. 0500	16. 3700	51. 3700
产品 C	9. 1110	4. 9437	9. 8468	23. 9015
产品 D	11. 4000	7. 6000	10. 6330	29. 6330
产品 E	11. 4000	7. 6000	10. 6330	29. 6330
产品 F	20. 1000	11. 4000	11. 9000	43. 4000

5.3   论证费的建模

由于论证专项费与论证工资费费用来源的渠道不同，而且从费用使用的特点来看，也存在显著的差别。因此，在构建论证费的模型时，对论证专项费和论证工资费采用了分别建立模型的方法。

5.3.1   论证专项费的预算模型

论证专项费的大小，从本质上讲，它是论证工作量和论证难度的一种度量。但是，从前节论证专项费的数据分析可以看出，这 6 种复杂特殊产品的论证专项费用之间的差别并不是很大，也就是说论证专项费与所论证对象的性能指标之间的相关程度并不是很明显。经过反复研究认为，研制费的大小是研制工作量和难度的具体体现，而论证的工作量和难度与研制的工作量和难度应是相辅相成的，因此，提出了建立论证专项费与装备研制费比值关系的预算模型。

将上面 6 种复杂特殊产品的论证专项费同对应研制费的比值列于表 5 - 9 中。

表 5 - 9   复杂特殊产品论证专项费与研制费的比值

型号	产品 A	产品 B	产品 C	产品 D	产品 E	产品 F
论证专项费/研制费	0. 12%	1. 07%	0. 69%	0. 34%	0. 53%	1. 86%

将表中复杂特殊产品研制费作为横坐标，比值数据作为纵坐标，则可得图5－1所示论证专项费与研制费比值的散点图。

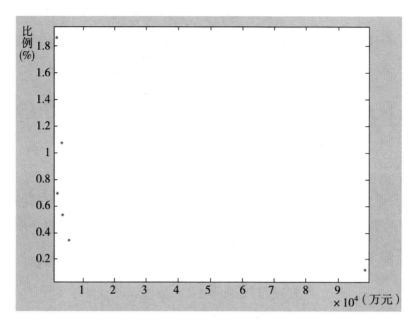

图5－1　论证专项费与研制费比值的散点图

从图5－1中可以看出，这6个点连接而成的曲线近似于指数曲线或幂函数，因此，采用式（5－2）的指数函数和式（5－3）的幂函数对数据分别进行拟合。

$$y = a \cdot e^{b \cdot C_D} \qquad\qquad (5-2)$$

$$y = a \cdot C_D^b + c \qquad\qquad (5-3)$$

式（5－2）和式（5－3）中，y代表论证专项费占产品总研制费用的百分比（%）；C_D代表复杂特殊产品研制费（万元）。

利用Matlab6.5中的Curve Fitting Toolbox组件对拟合参数a,b,c进行求解。解算过程中，设定拟合选项（Fit Options）中的Robust取值为Bisquare，运算法则（Algorithm）指定为Gauss－Newton法，如图5－2所示。

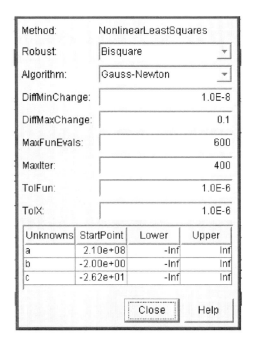

图 5 - 2　论证专项费预算模型的拟合选项设定

解算后式（5 - 2）中的拟合参数 a,b 取值如下：

$a = 2.905$　95% 的置信区间为（ - 1.997，7.806）

$b = - 0.0004021$　95% 的置信区间为（ - 0.001118，0.0003133）

即：

$$y = 2.905 \cdot e^{-0.0004021 \cdot C_D} \tag{5-4}$$

式（5 - 4）的拟合优度（goodness offit）如表 5 - 10 所示。

同理可得，式（5 - 3）经拟合后，其拟合参数 a,b,c 的取值如下：

$a = 1.773 \times 10^5$　95% 的置信区间为（ - 5.532 $\times 10^6$，7.806 $\times 10^6$）

$b = - 1.58$　95% 的置信区间为（ - 5.967，2.808）

$c = 0.1677$　95% 的置信区间为（ - 1.184，1.52）

即：

$$y = 1.773 \times 10^5 C_D^{-1.58} + 0.1677 \tag{5-5}$$

式（5 - 5）的拟合优度（goodness of fit）如表 5 - 10，表 5 - 11，

图 5 - 3 所示：

表 5 – 10　论证专项费预算模型指数曲线的拟合优度

SSE	R – Square	Adjusted R – Square	RMSE
0.8519	0.563	0.4538	0.4615

表 5 – 11　论证专项费预算模型幂函数曲线的拟合优度

SSE	R – Square	Adjusted R – Square	RMSE
0.5751	0.705	0.5083	0.4378

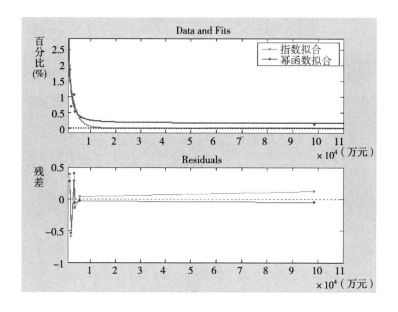

图 5 – 3　论证专项费指数函数与幂函数的拟合曲线及残差对比图

从以上的统计数字特性中可以判断出，式（5 – 5）对数据点的拟合要优于式（5 – 4）。另外，从两式的拟合曲线及残差对比图 5 – 3，也可看出，式（5 – 5）的拟合情况要好。

从以上分析可知，用式（5 – 5）作为论证专项费的预算模型是合理的。因此，经过整理可以得到复杂特殊产品论证专项费的预算模型，如式（5 – 6）所示。

$$C_{RZ} = \frac{(1.773 \times 10^5 \times C_D^{-1.58} + 0.1677)}{100} \times C_D \qquad (5 – 6)$$

式（5 - 6）中，C_{RZ} 表示复杂特殊产品论证专项费（万元）；C_D 表示复杂特殊产品研制费（万元）。

5.3.2　论证工资费的预算模型

根据论证费数据分析的结论可知，论证工资费的人均年费用基本上等于中级技术职称人员的年工资。因此，在建立论证工资费的预算模型时，将以中级技术职称的年工资作为研究对象，进行回归分析建立模型。以某位中级技术职称人员 1991 年至 1999 年的年工资为样本值，对论证工资费进行分析，详见表 5 - 12。

表 5 - 12　某科研人员 1991 年至 1999 年的年工资（元）

年份	1991	1992	1993	1994	1995	1996	1997	1998	1999
年工资	3332	4024	6524	10845	11365	13010	15259	15118	17798

将这些样本值以年份为横坐标，年工资为纵坐标绘制于图 5 - 4 中。

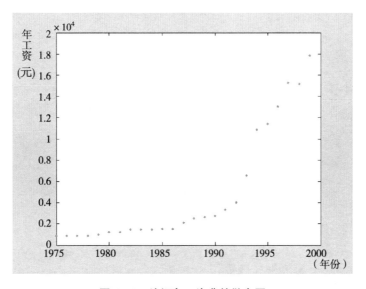

图 5 - 4　论证年工资费的散点图

从论证年工资费散点图的图形形状看，可采用二次多项式、三次多项式或指数函数对其进行拟合，模型如下：

$$C_{gz} = a \cdot x^2 + b \cdot x + c \qquad (5-7)$$

$$C_{gz} = a \cdot x^3 + b \cdot x^2 + c \cdot x + d \qquad (5-8)$$

$$C_{gz} = a \cdot e^{bx} \qquad (5-9)$$

式（5-7）、式（5-8）和式（5-9）中，C_{gz} 表示产品论证人员年工资（元）；x 表示正态化处理的年份数据。

正态化处理的年份数据表达式为：

$$x = \frac{t - \bar{x}}{s}$$

上式中，t 表示年份；$\bar{x}$ 表示样本均值，其值为1987；s 表示修正样本方差，其值为7.36。

对样本值进行拟合后三个方程的表达式及数字特征如下：

式（5-7）具体表示为：

$$C_{gz} = 2962 \cdot x^2 + 4688 \cdot x + 2050 \qquad (5-10)$$

其中，a,b,c 拟合参数95%的置信区间为：

$$a = 2962 \quad (2358, 3566)$$
$$b = 4688 \quad (4160, 5216)$$
$$c = 2050 \quad (1272, 2827)$$

式（5-8）的表达式为：

$$C_{gz} = 1241 \cdot x^3 + 2778 \cdot x^2 + 2007 \cdot x + 1730 \qquad (5-11)$$

其中，拟合参数95%的置信区间为：

$$a = 1241 \quad (852.1, 1630)$$
$$b = 2778 \quad (2445, 3110)$$
$$c = 2007 \quad (1276, 2739)$$
$$d = 1730 \quad (1302, 2158)$$

式（5-9）的表达式为：

$$C_{gz} = 1997 \cdot e^{1.343 \cdot x} \qquad (5-12)$$

其中，拟合参数95%的置信区间如下：

$$a = 1997 \quad (1411, 2583)$$
$$b = 1.343 \quad (1.15, 1.536)$$

三个拟合模型的拟合优度（Goodness of fit）如表5-13所示。

表 5 - 13　3 条论证工资费预算模型曲线的拟合优度

	二次多项式	三次多项式	指数函数
SSE	3.425×107	9.86×106	3.471×107
R - square	0.9524	0.9863	0.9518
Adjusted R - square	0.9481	0.9843	0.9497
RMSE	1248	685.2	1228

　　3 个模型的拟合曲线及残差如图 5 - 5 所示。无论从拟合参数的置信区间，还是从拟合优度的统计特征判断，三次多项式（5 - 11）的拟合情况最好，二次多项式次之，指数函数较差。

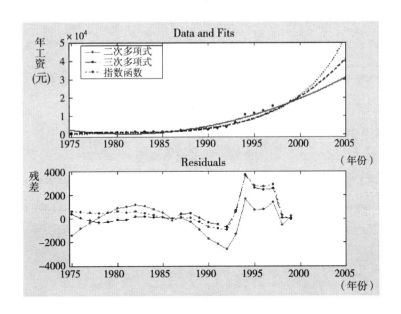

图 5 - 5　论证工资费预算模型的拟合曲线及残差图

　　为了慎重起见，分别用三个模型对 2005 年、2010 年、2015 年的个人年工资进行预测，预测值见表 5 - 14。

表 5 - 14   论证人员工资费的预算值（元）

	二次多项式	三次多项式	指数函数
2005 年个人年工资预测值	31231.2	41412.6	53303
2010 年个人年工资预测值	45625.5	73012.9	132731
2015 年个人年工资预测值	62753.7	117919	330516

但是，从数据预测值可信度方面看，式（5 - 10）的预测值是可信的，因此，最终选定用二次多项式式（5 - 10）作为论证的年工资费预算模型。

即，

$$C_{gz} = 2962 \cdot \left(\frac{t - 1987}{7.36} \right)^2 + 4688 \cdot \frac{t - 1987}{7.36} + 2050$$

结合上述分析，我们可得到论证工资费的模型为：

$$C_{RW} = \frac{\sum_{i=1}^{n} \left[2962 \left(\frac{t_i - 1987}{7.36} \right)^2 + 4688 \frac{t_i - 1987}{7.36} + 2050 \right] \times m_i}{s} \quad (5 - 13)$$

式（5 - 13）中：C_{RW} 表示产品论证工资费(元)；i 表示论证的第 i 年，i 的取值范围通常是从 1 ~ n，第 n 年为论证结束；t_i 表示论证第 i 年对应的年代；m_i 表示论证第 i 年对应的论证人数；s 表示项目分摊系数，取值为 2.5。

在实际使用中，最关心的是工资多年累加的精度，故采用 20 年的累加值来检验模型的精度。以某复杂特殊产品自 1979 年起至 1999 年结束，累计 20 年间实际发生工资费 97989 元。那么，根据式（5 - 13）的论证工资预算费模型进行预算，其计算结果为 97772.185 元。则相对误差为：

$$\Delta = \frac{|97989 - 97772.185|}{97989} \times 100\% = 0.22\%$$

该相对误差在实际运算中可以忽略，可见模型预算的效果较好。因此，在预算项目论证人员的年工资及进行某段时间内累加工资费计算时，完全可以采用式（5 - 13）论证人员工资预算模型进行计算。

5.3.3   论证费预算示例

以复杂特殊产品 D 为例，该项目研制费用为 2027.49 万元，那么利用式（5－6）和式（5－13）分别对该项目的论证专项费及论证工资进行预算。通过计算得论证专项费为：

$$C_{RZ} = C_{RR} + C_{RM} = 24.8124（万元）$$

该项目从 1985 年开始论证到 1997 年结束，根据每年参加项目的人数，可由式（5－13）计算出论证工资费，如表 5－15 所示。

表 5－15　产品 D 论证工资费预算结果（元）

年　份	论证工资费	年　份	论证工资费
1985	3977.644	1992	39608.52
1986	5869.32	1993	47039.22
1987	10248.05	1994	55126.02
1988	13706.3	1995	127737.6
1989	14169.04	1996	109902.6
1990	26715.72	1997	111097.6
1991	32834.04	总　计	598032

综上所述，复杂特殊产品 D 的论证费用为：

$$C_R = 24.8124 + 59.8032 \div 2 \div 2.5 = 36.7730（万元）$$

5.4　本章小结

本章主要研究了复杂特殊产品论证费的分析预测问题。在研究过程中，将复杂特殊产品论证费划分为论证研究费、论证管理费和论证工资费三部分。

首先，经过认真筛选，选取了 6 种具有典型代表性且积累资料比较齐全的复杂特殊产品作为研究对象，认真分析计算每种产品的论证研究费、论证管理费和论证工资费，作为进一步建模的基础。

其次，对复杂特殊产品论证专项费和论证工资费分别建模。由于论证专项费与论证工资费不仅费用来源的渠道不同，而且从费用使用的特点来看，也存在显著的差别。因此，在构建论证费的模型时，对论证专项费和论证工资费采用了分别建立模型的方法。

从论证专项费的数据可知，论证专项费与所论证对象的性能指标之间的相关程度并不是很明显。经过反复研究认为，研制费的大小是研制工作量和难度的具体体现，而论证的工作量和难度与研制的工作量和难度应是相辅相成的，因此，提出了建立论证专项费与产品研制费比值关系的预算模型。对于论证工资费来说，主要与论证的起始年份和论证的时间跨度有关，因此，建立了以中级职称干部为基准，主要与时间相关的二次多项式模型作为年个人论证工资费模型。

最后得出了论证专项费预算模型：

$$C_{RZ} = \frac{(1.773 \times 10^5 \times C_D^{-1.58} + 0.1677)}{100} \times C_D$$

和论证工资费模型：

$$C_{RW} = \frac{\sum_{i=1}^{n} \left[2962 \left(\frac{t_i - 1987}{7.36} \right)^2 + 4688 \frac{t_i - 1987}{7.36} + 2050 \right] \times m_i}{s}$$，并进行了

实例验证。

第6章 复杂特殊产品研制费的
分析建模与控制

复杂特殊产品的研制费 C_D 是指在复杂特殊产品的方案研究、工程研制和设计定型等阶段所发生的全部费用。根据《国防科研项目计划管理办法》的规定,研制费由研制成本费 C_{DC}、研制收益费 C_{DY} 和不可预见费 C_{DB} 三部分组成。而研制成本费又由设计费 C_{D1}、材料费 C_{D2}、外协费 C_{D3}、专用费 C_{D4}、试验费 C_{D5}、固定资产使用费 C_{D6}、工资费 C_{D7} 和管理费 C_{D8} 组成。

尽管特殊产品研制费在寿命周期费用中所占的比例比较小,但是它对寿命周期费用的影响却非常大。从图 1 – 1 曲线可以看出,在产品研制初步设计阶段完成后,产品寿命周期费用的 85% 被锁定;而到全面研制阶段结束时,则有 95% 的寿命周期费用被锁定。因此,在早期阶段抓好复杂特殊产品的费用分析及综合决策工作,对降低寿命周期费用的意义非常重大,而当复杂特殊产品的方案、尺寸、重量等都已基本确定之后,再来研究降低费用的问题,将会变得非常困难。而要解决好早期费用分析及综合决策问题的技术关键,就是要建立各种费用分析和预测的模型。

相对于特殊产品的采购费、使用与保障费的预算而言,产品研制费用的预测比前两者要困难得多。在特殊产品系统分析一书中写道:"实践证明,拿研制费用的估算问题与投资(采购费)或使用与支援费的估算相比,前者往往是一个广泛得多或复杂得多的问题"。其主要原因就在于:

(1) 在概念研究阶段需求与目标的不确定性;

(2) 将要求与目标转化为系统设计过程中的不确定性;

(3) 将系统设计转化为资源需求过程中的不确定性等。

目前,对研制费预算的常用方法主要是工程估算法和参数估算法。在对研制阶段的各种基础性费用数据掌握得比较充分的情况下可以采用工程估算法。但是，在特殊产品研制的初期，作为研制费的概略预算，采用参数估算法则更为有效。因此，通过对以往各种费用数据的收集，寻找特定系统的费用规律，把费用与系统的结构参数、性能参数或物理参数联系起来，建立各种费用预算关系式显得异常重要。

在复杂特殊产品研制费用的预算中，也采用了参数预算法，并根据主产品类与配套产品类在研制费数量上的显著差异，分别建立了主产品类与配套产品类的研制费预算模型。采用参数法建立复杂特殊产品研制费模型的基本要求为：

（1）将对研制费用影响较大的结构、性能等参数确定为费用因子；

（2）费用因子之间应相互独立；

（3）所选定费用因子的数量通常不宜超过 5 个，以增强模型的可操作性。

6.1 复杂特殊产品研制项目的特点

在进行复杂特殊产品研制费的分析前，有必要对复杂特殊产品研制项目所具有的特点进行归纳和梳理，进而有效地对影响费用本质特点进行考察分析，归结起来主要有以下几个特点。

（1）投资规模大。复杂特殊产品的研制往往需要投入大量的资金。仅一个产品的研制费少则以千万元计，多则几十亿元。加上采购和使用保障费用，少则上百亿元，多则上千亿元。按照一般规律，投资规模越大，投资者面临的费用风险就越大，进行寿命周期分析和预测的必要性就越大。

（2）技术含量高，具有较强的创新性。复杂特殊产品研制所要解决的问题往往是前人未能解决的。研制过程中未知领域较多、创新点多、探索性强、不确定性大，这些都会带来费用方面的风险，费用风险来源多，且费用风险值较大。

（3）研制周期长。从产品的立项到定型并投入生产，要经历许多复杂的环节，这一过程往往需要几年甚至十几年的时间才能完成。在长期的研制过程中，需求的改变、市场供求的变化、技术的进步、国际政治经济形势的变迁都不确定，一旦这些因素发生变化，就会造成前期投入的费用损失。一般来说，研制周期越长，费用风险就越大。

（4）复杂特殊产品研制是一个充满创造性和反复迭代的过程。工程技术人员在实施自己设计思路的过程中，会识别设计本身的一些漏洞，通过获得更多的信息对设计进行反复的修正，最终会得到新的设计思路和结论。反复的尝试、分析、评估、测试、示范、修改到最终验证定型是研发项目一个本质的特征。例如，虽然所有的研制都有确定的试验计划，但往往未经彼此之间的综合试验。研发项目在试验中可能会出现多次的失败，试验失败会造成进度的延缓和费用的大幅度上涨。但是，是否要进行多次试验本身是不确定的，这就给产品研制费用的评估带来了难度。

（5）复杂特殊产品研制需求的变动性。在复杂特殊产品研制中，经常出现需求变化的情况。这种需求变化一般体现在两个方面：其一是由使用方需求变化产生的对产品外形、质量、使用方式和功能等方面需求的更改；其二是由于原定技术指标久攻不下，或是估计时间紧迫，需要对技术和功能指标进行调整。需求的变化往往会引起研发活动的重做，进而引起研制费用的增加，而需求的变化是不确定的，这些不确定性势必对复杂特殊产品研制费用的分析造成一定的困难。

（6）复杂特殊产品研制活动的重叠。并行工程思想在研发项目中已得到了广泛应用，为减少活动执行的总时间，节省研制费用，可利用正在执行活动的初步信息，实现其与后续活动的部分重叠。通常前者称为上游活动，后者称为下游活动。如果策略运用得当，通过上下游活动的重叠，往往可以达到工期压缩和节省费用的效果。但是，如果策略运用不当，活动的重叠不但不会达到工期压缩和节省费用的效果，反而会因为下游活动的反复重做延长了时间，提高了费用。因此，策略的运用是否得当是有风险的，这就会对活动重叠的效应进行评价带来难度。

6.2　复杂特殊产品研制费的数据分析

6.2.1　复杂特殊产品研制费的静态值分析

根据相关行业条例的规定，就复杂特殊产品的研制模式而言，主要有全新（含仿制）、改进和改型三种研制形式。作为改进和改型研制形式，在研制费数据分析过程中，除了必须研究其改进、改型时所直接发生的研制费外，还需要分析其被改进或改型产品的研制费。下面选取全新研制、仿制、改进研制、改型研制以及被改进或改型等10种复杂特殊产品进行研究分析，具体情况见表6-1。

表6-1　典型复杂特殊产品研制费静态值统计（万元）

序号	产品名称	研制时间	研制性质	研制费静态值
1	复杂特殊产品A	1985—1999 年	全新研制	98520
2	复杂特殊产品B	1995—1999 年	改进研制	3266.5
3	复杂特殊产品C	1997—2000 年	仿制	4752.6
4	复杂特殊产品D	1997—2000 年	改进研制	1689.91
5	复杂特殊产品E	1986—1989 年	全新研制	2242.17
6	复杂特殊产品F	1986—1989 年	全新研制	1563.08
7	复杂特殊产品G	1986 年 2 月—1990 年 5 月	全新研制	1896
8	复杂特殊产品H	1992 年 3 月—1994 年	改型研制	1870
9	复杂特殊产品I	1987—1992 年	改进研制	1044
10	复杂特殊产品J	1995—1996 年	改进研制	840

6.2.2　复杂特殊产品研制费的动态值分析

根据以上复杂特殊产品研制费的静态值分析可以看出，在复杂特殊产品研制方式中占主体的是改进或改型研制，而全新研制只有4种型号。而从未来复杂特殊产品的发展趋势来看，依然还会遵循着这样的发展研制模式。从技术的发展角度来看，改进后的产品是原产品技术的继承和发展，在技术上具有继承性；而在研制费的数据分析过程中，如果将改进后的产品作为一种全新的研制模式来考虑，那么可以认为该产品是经过了几个阶段发展而来的。基于这种分析，全新研制与改进研制的研制费就具有同等的意义，可以共同建立研制费预算模型，但是对于改进研制而言，在研制费的动态值计算过程中，就需要将以往各个阶段的研制费进行累加计算，相反，在利用研制费预算模型对特殊产品改进方式实施预算时，则需减去以往各阶段改进时所发生的研制费。

以 2000 年为基准年，利用技术经济学中"等额支付求终值"$F = A\left[\dfrac{(1+r)^n - 1}{r}\right]$ 和"已知现值求终值"$F = P(1+r)^n$ 的计算公式，取物价指数 $r = 6\%$。计算各种典型复杂特殊产品研制费的动态值和采购价格的动态值，详情见表 6-2。

表 6-2　典型复杂特殊产品研制费动态值统计（万元）

序号	复杂特殊产品名称	采购价静态值	采购价动态值	研制费动态值
1	复杂特殊产品 A	1600（1999 年）	1696	156759.18
2	复杂特殊产品 B	552（1999 年）	585.12	20037.56
3	复杂特殊产品 C	209（2000 年）	209	12491.83
4	复杂特殊产品 D	260（2000 年）	260	14285.17
5	复杂特殊产品 E	124（1999 年）	131.44	4516.79
6	复杂特殊产品 F	150（1993 年）	225.55	7665.57
7	复杂特殊产品 G	33.5（1983 年）	85.1	3713.45
8	复杂特殊产品 H	162（1998 年）	182	6445.66
9	复杂特殊产品 I	229（2000 年）	229	7352.84
10	复杂特殊产品 J	156（2000 年）	156	5264.54

6.2.3　复杂特殊产品研制费动态值的估算

从研制费动、静态值的计算与分析中可以看出，尽管自第七个五年计划以来，近 20 年中所研制复杂特殊产品的研制费都已基本收集到，但是，在主产品类中，也仅仅只有复杂特殊产品 A 和复杂特殊产品 B 等几个特殊产品的研制费，而缺乏现已大量投入使用的复杂特殊产品 C、D 和 E 的研制费。由于这些特殊产品研制的时间距离现在过于久远，不仅财务账目已不存在，而且考虑到我国经济体制的变化，发生在 20 世纪 80 年代以前的各种费用数据对于现在的作用意义也不是很大。为此，经过反复研究，为了弥补上述的不足，提出了利用产品采购价格来估算特殊产品研制费动态值的方法。

将表 6 - 2 中的研制费用数据作为横坐标，采购价格作为纵坐标，则可得图 6 - 1 所示的研制费与采购价格的散点图。

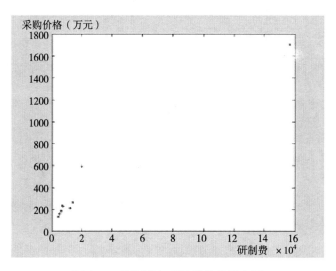

图 6 - 1 研制费与采购价格的散点图

利用 Matlab 6.5 中的 Curve Fitting Toolbox 组件对样本值进行曲线拟合。拟合方程选择幂函数（power），其表达式如下：

$$C_P = aC_D^b \tag{6-1}$$

式（6 - 1）中，

C_P 表示复杂特殊产品采购价格（万元）；

C_D 表示复杂特殊产品研制费（万元）。

解算过程中，设定拟合选项（Fit Options）中的 Robust 取值为 Bisquare，运算法则（Algorithm）指定为 Levenberg - Marquardt 法（注：只在非线性拟合时出现）。

解算后 6 - 1 式的拟合参数 a, b 取值如下：

$a = 0.2867$ 95% 的置信区间（-0.08943, 0.6628）

$b = 0.7259$ 95% 的置信区间（0.6159, 0.836）

所以有，

$$C_P = 0.2867 \cdot C_D^{0.7259} \tag{6-2}$$

上式的拟合优度（goodness of fit）如表 6-3 所示，拟合残差（residuals）如表 6-4 所示，拟合曲线如图 6-2 所示。

表 6-3 研制费与采购价格估算关系的拟合优度

SSE	R - Square	Adjusted R - Square	RMSE
4.09×10^4	0.9796	0.9767	76.44

表 6-4 研制费与采购价格估算关系的残差分析

采购价格（万元）	1696	585.12	209	260	131.44	225.55	229	156	182
拟合残差	3.02	204.81	-60.88	-37.48	2.479	36.22	45.31	11.87	15.06

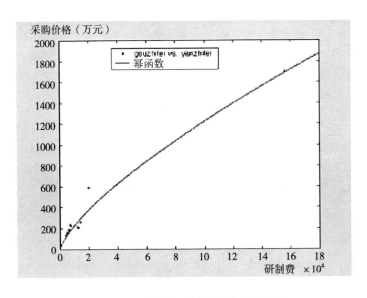

图 6-2 研制费与采购价格的拟合曲线

由以上分析可知，公式（6-2）可以作为复杂特殊产品研制费用估算的关系式，利用该式可以计算出复杂特殊产品 C、D、E、F、G、H、I 和 J

等产品研制费的动态值，详细内容见表 6 - 5。

表 6 - 5　复杂特殊产品研制费估算的动态值（万元）

产　品	产品 C	产品 D	产品 E	产品 F	产品 G	产品 H	产品 I	产品 J
采购价格动态值	375. 91	143. 77	95. 91	68. 08	121. 64	57. 49	58. 39	200. 34
研制费的估算值	19719	5246	3004	1873	4167	1484	1516	7650

6.3　主产品类复杂特殊产品研制费预算模型

6.3.1　关键费用因子的确定与分析

经过反复论证研究，多次与有关专家座谈讨论，并经过敏感性分析，最终将影响主产品类复杂特殊研制费的费用因子确定为如下 7 个参数。

（1）产品全重 $W(t)$

复杂特殊产品的全重不仅是影响产品的机动性和防护性的重要指标，也是体现复杂特殊产品综合效能的重要参数。

（2）作业能力 D_F（mm）

作业能力集中体现了复杂特殊产品的主要性能。用口径 D 表示，口径越大，说明主要性能越强。

（3）发动机功率 D（kW）

发动机功率是衡量复杂特殊产品动力性的重要指标，直接影响着产品的机动性能，同时也是影响复杂特殊产品研制费用的重要因素。

（4）平均越野速度 V_y（km/h）

在产品发动机功率一定的条件下，平均越野速度更主要地体现产品底盘的动力传动、操纵、转向、悬挂和行动等性能，是衡量特殊产品底盘推进系统综合性能的重要指标。

（5）稳定精度 F_B（密位）

稳定精度是表征系统性能的重要参数之一。

（6）行进间瞄准线稳定精度 F_y（密位）

同样，行进间瞄准线的稳定精度也是表征系统性能的一个重要指标。

（7）夜视距离 F_s（m）

夜视距离是表征产品夜间作业能力的一个重要指标。微光夜视晚上只能观察1000m的距离；而第一代热成像仪的夜视距离则达到了2000 m。

6.3.2　主产品类复杂特殊产品研制费预算模型的建立

根据前面的数据分析及复杂特殊的性能指标，建立表6-6所示的现投入使用的复杂特殊产品的主要性能指标及研制费动态值。

表6-6　现使用产品主要性能指标及研制费动态值

车　　型	研制费 C_D（元）	产品全重 W（t）	作业能力 D_F（mm）	发动机功率 D（kW）	平均越野速度 V_y（km/h）	产品的稳定精度 F_B（密位）	行进间瞄准线稳定精度 F_y（密位）	夜视距离 F_s（m）
产品 A	1873	36	100	382.2	25	——	——	——
产品 B	1484	21	85	316.05	23	——	——	——
产品 C	1516	18.5	85	294	28	——	——	——
产品 D	3004	36.5	100	427	27	——	——	——
产品 E	4167	36	105	382.2	25	1.5	1.5	1000
产品 F	5246	37.2	105	427	27	1.5	1.5	1000
产品 G	7650	20	105	382	28	1.5	1.5	1000
产品 H	29360	38.5	105	537	40	1.5	0.15	1000
产品 I	19719	38.5	105	537	40	1.5	0.15	1000
产品 J	36270	41	125	537	40	1	0.15	1000
产品 K	157150	50	125	882	45	1	0.15	2000

根据所确定的7项费用因子，建立主产品类特殊产品研制费的预算模型，其表达式如下：

$$C_D = a_0 W^{a_1} D_F{}^{a_2} D^{a_3} V_y{}^{a_4} F_B{}^{a_5} F_y{}^{a_6} F_S{}^{a_7} \qquad (6-3)$$

根据表6-6中的数据，可以得由11个方程组成的方程组，其表达形式如下：

$$\begin{cases}
1873 = a_0 \times 36^{a_1} \times 100^{a_2} \times 382.2^{a_3} \times 25^{a_4} \\
1484 = a_0 \times 21^{a_1} \times 85^{a_2} \times 316.05^{a_3} \times 23^{a_4} \\
1516 = a_0 \times 18.5^{a_1} \times 85^{a_2} \times 294^{a_3} \times 28^{a_4} \\
3004 = a_0 \times 36.5^{a_1} \times 100^{a_2} \times 427^{a_3} \times 27^{a_4} \\
4167 = a_0 \times 36^{a_1} \times 105^{a_2} \times 382.2^{a_3} \times 25^{a_4} \times 1.5^{a_5} \times 1.5^{a_6} \times 1000^{a_7} \\
5246 = a_0 \times 37.2^{a_1} \times 105^{a_2} \times 427^{a_3} \times 27^{a_4} \times 1.5^{a_5} \times 1.5^{a_6} \times 1000^{a_7} \\
7650 = a_0 \times 20^{a_1} \times 105^{a_2} \times 382^{a_3} \times 28^{a_4} \times 1.5^{a_5} \times 1.5^{a_6} \times 1000^{a_7} \\
29360 = a_0 \times 38.5^{a_1} \times 105^{a_2} \times 537^{a_3} \times 40^{a_4} \times 1.5^{a_5} \times 0.15^{a_6} \times 1000^{a_7} \\
19719 = a_0 \times 38.5^{a_1} \times 105^{a_2} \times 537^{a_3} \times 40^{a_4} \times 1.5^{a_5} \times 0.15^{a_6} \times 1000^{a_7} \\
36270 = a_0 \times 41^{a_1} \times 125^{a_2} \times 537^{a_3} \times 40^{a_4} \times 1^{a_5} \times 0.15^{a_6} \times 1000^{a_7} \\
157150 = a_0 \times 50^{a_1} \times 125^{a_2} \times 882^{a_3} \times 45^{a_4} \times 1^{a_5} \times 0.15^{a_6} \times 2000^{a_7}
\end{cases} \quad (6-4)$$

将式（6-4）两边同时取对数，将其线性化，进而得到多元线性回归方程组。该多元线性回归的正规方程组为：

$$(X^T X) \cdot a = X^T Y \quad (6-5)$$

其中，

$$Y = \begin{bmatrix} 3.2725 & 3.1714 & 3.1807 & 3.4777 & 3.6198 & 3.7198 & 3.8837 \\ 4.4678 & 4.2949 & 4.5595 & 5.1963 \end{bmatrix}^T$$

$$a = \begin{bmatrix} \lg a_0 & a_1 & a_2 & a_3 & a_4 & a_5 & a_6 & a_7 \end{bmatrix}^T$$

$$X = \begin{bmatrix}
1 & 1.5563 & 2.0000 & 2.5823 & 1.3979 & 0 & 0 & 0 \\
1 & 1.3222 & 1.9294 & 2.4998 & 1.3617 & 0 & 0 & 0 \\
1 & 1.2672 & 1.9294 & 2.4683 & 1.4472 & 0 & 0 & 0 \\
1 & 1.5623 & 2.0000 & 2.6304 & 1.4314 & 0 & 0 & 0 \\
1 & 1.5563 & 2.0212 & 2.5823 & 1.3979 & 0.1761 & 0.1761 & 3.0000 \\
1 & 1.5705 & 2.0212 & 2.6304 & 1.4314 & 0.1761 & 0.1761 & 3.0000 \\
1 & 1.3010 & 2.0212 & 2.5821 & 1.4472 & 0.1761 & 0.1761 & 3.0000 \\
1 & 1.5855 & 2.0212 & 2.7300 & 1.6021 & 0.1761 & -0.8239 & 3.0000 \\
1 & 1.5855 & 2.0212 & 2.7300 & 1.6021 & 0.1761 & -0.8239 & 3.0000 \\
1 & 1.6128 & 2.0969 & 2.7300 & 1.6021 & 0.1761 & -0.8239 & 3.0000 \\
1 & 1.6990 & 2.0969 & 2.9455 & 1.6532 & 0 & -0.8239 & 3.3010
\end{bmatrix}$$

选用广义 LS 法对式（6-5）进行求解，结果如下：

$$a = \begin{bmatrix} -7.2361 & -1.0549 & 2.49 & 2.5421 & 0.46449 & -0.71687 \\ -0.34507 & 0.14038 \end{bmatrix}$$

因此，主产品类复杂特殊产品研制费与性能指标或参数的预算模型为：

$$C_D = 5.8063 \times 10^{-8} W^{-1.0549} D_F^{2.49} D^{2.5421} V_y^{0.46449} F_B^{-0.71687} F_y^{-0.34507} F_S^{0.14038}$$

$$(6-6)$$

由于 $R^2 = 0.9959 > 0.9$，因此该线性回归有一定意义；且 $F = 104.6679 > F_{0.05}$，即所求方程在95%的置信区间是可以接受的。如果取检验的显著性水平为0.010，则 $p = 0.0014 < 0.010$，所以线性回归是显著的。

6.3.3　敏感性分析

敏感性分析的主要目的在于：第一，确定影响费用预算结果的重要因素，实现对费用预算模型中费用因子重要性的排序，剔除对费用模型无影响或影响非常小的费用因子，从而可以提高费用模型的准确性、可靠性和实用性；第二，根据敏感性分析的结果，还可以为费用的管理提供科学的依据。一方面，在研制过程中应加强对敏感因素的严格控制，另一方面，也可以确定降低研制费的改进方向。

下面以复杂特殊产品 K 为例，将现实方案作为基本方案，分别对研制费模型中的产品全重、作业能力、发动机功率、平均越野速度等 7 个费用因子进行变化量20%的计算分析，将研制费变量和相对于基本方案研制费用变化的比值列于表 6 – 7 中，并对费用因子的重要性进行排序。

表 6 – 7　特殊产品 K 主要费用因子的敏感性分析

序号	重要因数	研制费（万元）	变化比值	重要性顺序
0	基本方案	157120	0	0
1	产品全重减少 10t（变化量为 20%）	198830	26.6%	3
2	作业能力增加 25mm（变化量为 20%）	247400	57.5%	2

续表

序号	重要因数	研制费（万元）	变化比值	重要性顺序
3	发动机功率增加 176.4kW（变化量为 20%）	249760	59%	1
4	平均越野速度增加 9km/h（变化量为 20%）	171010	9%	5
5	产品的稳定精度提高到 0.8mil（变化量为 20%）	184380	17.4%	4
6	瞄准线稳定精度提高到 0.12mil（变化量为 20%）	169700	8%	6
7	夜视距离增加 400m（变化量为 20%）	161200	3%	7

从表 6-7 中可以看出，发动机功率、作业能力、产品全重和产品稳定精度依次为影响复杂特殊产品研制费的重要因素，而行进间瞄准线稳定精度和夜视距离则对产品研制费的影响较小，在费用因子变化量为 20% 的情况下，其对应研制费的变化量不超过 10%。但是，考虑到主产品类复杂特殊产品研制费的总额比较大，同时为了增强主产品类复杂特殊产品研制费预算模型的适应性，仍然采用了式（6-6）的研制费预算模型。

6.4 配套类复杂特殊产品研制费预算模型

6.4.1 配套类复杂特殊产品费用因子的确定与分析

本项目中的配套类复杂特殊产品主要为主产品配套的产品。同样，根据本章前节中研究的建模方法及要求，经过反复地论证研究，多次与有关专家座谈讨论，并借鉴主产品类复杂特殊产品研制费预算模型敏感性分析的结论，将影响配套类复杂特殊产品研制费的费用因子确定为如下 5 个费用因子。

（1）产品全重 W（t）；

（2）发动机功率 D（kW）；

（3）平均越野速度 V_y（km/h）；

（4）作业能力 D_F（mm）；

（5）关键影响系数。

由于配套类复杂特殊产品主要性能处于从属地位, 所以剔除了与系统有关的稳定精度、行进间稳定精度和夜视距离三个费用因子, 但考虑到配套类复杂特殊产品具有关键的辅助功能, 对研制费的影响, 而增加了关键影响系数。

6.4.2　配套类复杂特殊产品研制费预算模型的建立

对现投入使用典型配套类复杂特殊产品的研制费进行动态值计算, 并将其对应的性能参数列于表 6 – 8 中, 并建立如式 (6 – 7) 所示的配套类复杂特殊产品研制费的预算模型。

表 6 – 8　配套类特殊研制费的动态值及性能参数

配套类特殊产品	配套类产品 L	配套类产品 M	配套类产品 N	配套类产品 O	配套类产品 P	配套类产品 Q	配套类产品 R	配套类产品 S
预估研制费 C_D (万元)	7014	9513	7775	7801	1105	7968	4663	1998
产品全重 W (t)	13.45	13.6	14.5	15.5	12.5	14.2	14.5	10.8
发动机功率 D (kW)	215.5	215.5	235	235	191	188	188	141
平均越野速度 V_y (km/h)	45	45	50	50	40	60	60	60
作业能力 D_F (mm)	73	30	25	—	—	73	—	25
关键影响系数 (a_t)	—	1.03	—	—	—	—	—	—

$$C_D = a_0 W^{a_1} D^{a_2} V_y^{a_3} D_F^{a_4} a_t \qquad (6-7)$$

式 (6 – 7) 中,

C_D 表示配套类复杂特殊产品研制费 (万元);

a_0 表示初始研制费数据 (万元);

W 表示配套产品全重 (t);

a_1 表示配套产品全重影响系数;

D 表示发动机功率 (kW);

a_2 表示发动机功率影响系数;

V_y 表示越野速度 (km/h);

a_3 表示越野速度影响系数；

D_F 表示作业能力；

a_4 表示作业能力影响系数；

a_t 表示关键费用系数。

根据表 6 - 8 中的数据代入式（6 - 7），经整理后可得到由 8 个方程组成的方程组，其表达形式如下：

$$\begin{cases} 7014 = a_0 \times 13.45^{a_1} \times 215.5^{a_2} \times 45^{a_3} \times 73^{a_4} \\ 9513 = a_0 \times 13.6^{a_1} \times 215.5^{a_2} \times 45^{a_3} \times 30^{a_4} \times 1.03 \\ 7775 = a_0 \times 14.5^{a_1} \times 235^{a_2} \times 50^{a_3} \times 25^{a_4} \\ 7801 = a_0 \times 15.5^{a_1} \times 235^{a_2} \times 50^{a_3} \\ 1105 = a_0 \times 12.5^{a_1} \times 191^{a_2} \times 40^{a_3} \\ 7968 = a_0 \times 14.2^{a_1} \times 188^{a_2} \times 60^{a_3} \times 73^{a_4} \\ 4663 = a_0 \times 14.5^{a_1} \times 188^{a_2} \times 60^{a_3} \\ 1998 = a_0 \times 10.8^{a_1} \times 141^{a_2} \times 60^{a_3} \times 25^{a_4} \end{cases}$$

将上式两边同时取对数，将其线性化，进而可得到一个多元线性回归方程组。该多元线性回归的正规方程组为：

$$(X^T X) \cdot a = X^T Y$$

其中，

$$Y = [3.846 \quad 3.965 \quad 3.891 \quad 3.892 \quad 3.043 \quad 3.901 \quad 3.669 \quad 3.301]^T$$

$$a = [\lg a_0 \quad a_1 \quad a_2 \quad a_3 \quad a_4]^T$$

则，

$$X = \begin{bmatrix} 1 & 1.1287 & 2.3334 & 1.6532 & 1.8633 \\ 1 & 1.1335 & 2.3334 & 1.6532 & 1.4771 \\ 1 & 1.1614 & 2.3711 & 1.699 & 1.3979 \\ 1 & 1.1903 & 2.3711 & 1.699 & 0 \\ 1 & 1.0969 & 2,281 & 1.6021 & 0 \\ 1 & 1.1523 & 2.2742 & 1.7782 & 1.8633 \\ 1 & 1.1614 & 2.2742 & 1.7782 & 0 \\ 1 & 1.0334 & 2.1492 & 1.7782 & 1.3979 \end{bmatrix}$$

选用广义 LS 法进行求解，其结果如下：

$$a = \begin{bmatrix} -9.4765 & 2.0275 & 3.0386 & 2.1673 & 0.1899 \end{bmatrix}$$

由此可以得到配套类复杂特殊产品研制费预算模型的具体表达式为：

$$C_D = 3.3381 \times 10^{-10} W^{2.0275} D^{3.0386} V_y^{2.1673} D_F^{0.1899} a_t$$

经过假设检验，由于 $R^2 = 0.9 > 0.878$，因此该线性回归有一定意义；且 $F = 6.4548 > F_{0.05}$，即所求方程在 95% 的置信区间是可以接受的，所以该线性回归是显著的。

综合上述分析，配套类复杂特殊产品研制费的预算模型为：

$$C_D = 3.3381 \times 10^{-10} W^{2.0275} D^{3.0386} V_y^{2.1673} D_F^{0.1899} a_t \qquad (6-8)$$

式（6-8）中，

C_D 表示配套类复杂特殊产品研制费（万元）；

W 表示配套类产品全重（t）；

D 表示发动机功率（kW）；

V_y 表示越野速度（km/h）；

D_F 表示作业能力；

a_t 表示关键费用系数，通常取 $a_t = 1.03$。

6.4.3　敏感性分析

根据式（6-8）配套类复杂特殊产品研制费的预算模型，以配套类复杂特殊产品 S 为例，进行敏感性分析，其结果见表6-9。

表6-9　配套类产品研制费预算模型的敏感性分析

序号	重要因数	研制费（万元）	变化比值	重要性顺序
0	基本方案	1857	0	0
1	产品全重增加 2.16t（变化量为 20%）	2699.536	45.43%	3
2	发动机功率增加 28.2 kW（变化量为 20%）	3216.432	73.27%	1
3	平均越野速度增加 12 km/h（变化量为 20%）	2736.654	47.43%	2
4	作业能力增加 5 mm（变化量为 20%）	1920.762	3.47%	4

通过对复杂特殊产品 S 研制费模型的敏感性分析，可以得到类似于主产品类复杂特殊产品研制费预算模型敏感性分析的结论，其重要性顺序依次为：发动机功率、平均越野速度、产品全重和作业能力。

6.5　复杂特殊产品研制费的控制

复杂特殊产品的研制是一项复杂的系统工程，与一般的研制项目相比，其具有研制周期长、参加研制单位多、管理协调难度大、创新性和系统性强、研制风险高、管理主体特殊、研制过程不确定性高等特点。因此，在研制项目实施过程中，需要根据科研费用的实际需求情况，实时预测费用的走向和趋势，从而有效地控制复杂特殊产品的研制费用。

挣值管理是建立在挣值分析法基础上的一种项目管理方法。挣值分析法是评价项目的费用与进度情况的一种方法，它采用货币形式替代工作量来测量项目的进度，不以投入资金的多少来反映项目的进展，而是以资金已经转化为项目的成果的量来进行衡量。通过测量和计算计划工作量的预算费用（或预算成本 BCWS）、已完成工作量的实际费用（或预算成本 BCWP）得到有关计划实施的进度和费用偏差，从而可以有效衡量项目成本执行情况。

针对复杂特殊产品研制费用控制的特点，基于预测挣值管理的方法，使用第三代参数估算模型进行型号项目研制费用控制，在协调计划费用、实际费用的同时，还充分考虑型号研制项目完成情况。通过此方法，可增强挣值分析诊断能力，有效地避免了型号研制费用超支问题，对复杂特殊产品研制费用的控制是一种有益的探索和研究。

6.5.1　挣值管理参数设定及评价指标

在复杂特殊产品费用控制过程中，要定期监控三个参数，即，计划要完成的费用基线、已经完成工作的实际费用和已完成工作的实际费用。下面给出 3 个参数的计算公式。

BCWS（Budgeted Cost of Work Scheduled）为计划要完成的费用基线，

其计算公式为：

$$BCWS = 计划工作量 \times 预算定额$$

ACWP（Actual Cost for Work Performed）为已经完成工作的实际费用，主要反映项目执行的实际消耗指标。

BCWP（Budgeted Cost of Work Performed）为已完成工作的预算费用，是用已完成工作量及按预算定额计算出来的经费，即，挣得值。BCWP 的计算公式为：

$$BCWP = 已完成工作量 \times 预算定额$$

用挣得值分析进行复杂特殊产品研制费用控制时，借助于工作分解结构，用已完成的实际费用（ACWP）与此时该工作的估算费用（BCWP）进行比较，用其偏差值和偏差率来判断项目已完成工作的实际经费是否保持在预算范围内。

6.5.2　挣值管理的评定方法

1. 指标评定法

利用上述 3 个基本参数，可以导出以下几个重要指标：

（1）CV 经费偏差（Cost Variance，CV）

其计算公式为：

$$CV = BCWP - ACWP$$

（2）SV 进度偏差（Scheduled Variance，SV）

其计算公式为：

$$SV = BCWP - BCWS$$

（3）CPI 经费执行指标（Cost Performed Index，CPI），指预算经费与实际经费之比（或工时值之比）

其计算公式为：

$$CPI = \frac{BCWP}{ACWP}$$

（4）SPI 进度执行指标（Scheduled performed Index，SPI），指项目挣得值与预算经费之比

其计算公式为：

$$SPI = \frac{BCWP}{BCWS}$$

根据以上几个重要指标，可以对复杂特殊产品研制项目的费用和进度情况进行有效的判别：

（1）当 CV < 0 时，表示复杂特殊产品研制项目执行效果不佳，实际费用超过预算费用；

（2）当 CV > 0 时，表示复杂特殊产品研制项目执行效果好，实际费用低于预算费用；

（3）当 CV = 0 时，表示实际费用等于预算费用；

（4）当 SV > 0 时，表示进度提前；

（5）当 SV < 0 时，表示进度延误；

（6）当 SV = 0 时，表示实际进度等于计划进度；

（7）当 CPI > 1 时，表示实际费用低于预算费用；

（8）当 CPI < 1 时，表示实际费用超出预算费用；

（9）当 CPI = 1 时，表示实际费用与预算费用相吻合；

（10）当 SPI > 1 时，表示实际进度超前于计划进度；

（11）当 SPI < 1 时，表示实际进度滞后于计划进度

（12）当 SPI = 1 时，表示实际进度与计划进度吻合。

2. S 形曲线评定法

除上述方法外，还可以用 S 形曲线法进行挣值评价。S 形曲线法即把各项费用预算支出的时间计划及每一时点对应的累计预算费用画在一张时间表上，制订出研制项目费用预算计划。如果再画上在不同报告期的 BCWP 和 ACWP 值，在图上对比 BCWP 和 ACWP 的值，则可以显示项目经费是超支还是保持在预算范围内，同样也可以得到项目的进度是提前还是滞后于计划的状态。这样就可以进行经费和进度控制。4 种类型的 S 形曲线如图 6 - 3 所示：

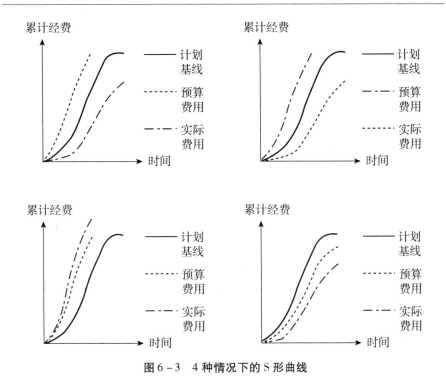

图 6 – 3　4 种情况下的 S 形曲线

如图 6 - 3 所示，S 形曲线说明了挣得值与已完成工作的实际经费、预定工作的基线经费以及经费偏差之间的工作，同时也说明了预算估算和基本计划估算之间的区别。图中，经费基线是控制的尺度，而预算经费则是复杂特殊产品研制最期望的费用，二者之间的差值就是不可预见费。

6.5.3　基于挣值分析的某复杂特殊产品研制经费及进度偏差计算

如图 6 - 4 所示，使用 S 形曲线评价法，对某产品的研制费用和进度进行评价。该图中的 S 形曲线表明，在当前时间，经费偏差为正值，表示项目超支；进度偏差为负值，表示项目进度滞后计划进度的安排。

6.5.4　预测挣值管理方法

以计算出的经费偏差为基础，并假设复杂特殊产品研制项目完成时的偏差率等于目前的偏差率：EAC = 预算 × (1 + 目前的偏差率)。（Estimate At Completion，EAC）通过偏差计算可预测项目完成时可能发生的经费。

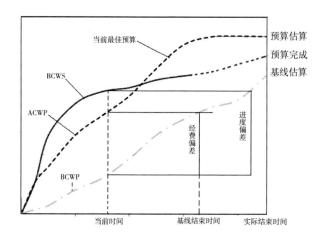

图6-4 S形曲线的应用

可见，预测挣值管理是一种渐进式的管理方法。它将挣值管理与参数估算有机结合起来，通过监测相对于基线配置的技术改变，使用参数模型不断地进行费用和进度的估算，从而对项目基线费用的成本和进度产生直接的影响。

1. 参数费用估算

参数费用估算法是建立在第三代参数模型基础之上的费用估算方法。最新的第三代参数模型是开放性的成本估算模型，它能兼容私有模型或定型模型，检验和确认都很方便，主要具有以几个特点：第一，它应用基于启动的计价方法理念来构建评估基础；第二，估算结果中包含了管理费、集成与试验费等，增强了费用模型的交互性；第三，可以利用少量信息去估计费用和进度；第四，在缺乏足够信息时可以加快估算的速度。

参数费用估算程序结构是从上而下的。整个估算过程都是由项目的量级来确定的，对于硬件产品来说，是由技术水平和组织的工作效率驱动的；对于软件来说，是由组织的工作效率和软件规模驱动的。无须输入成本数据，只需输入一些非成本数据，模型即能产生成本费用输出。对费用的估算程序分4个步骤：

2. 预测挣值管理系统的集成

参数估算法和挣值管理工具的成功集成，为处理和控制复杂特殊产品研制项目费用提供了便利条件，这对费用的管理和控制产生本质而深远的影响。下面我们将确定一个通用框架并在此框架下收集并报告来自研制各方及其他部门的基础数据，并且把研制项目计划和挣值管理深化到整个研制项目的各个方面。

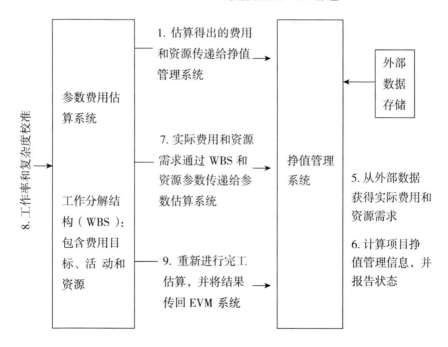

图 6 – 5　预测挣值管理系统的集成过程

从图 6 – 5 可以清楚地看到 EVM 数据流的流动。数据在一个集成系统内的流动减少了处理数据所需要的资源，还可以降低文字、数据方面的差错。这一融合的独到之处主要表现在步骤 7、8、9。对于 EVM 系统而言，依据 EVM 系统完成校准具有非同寻常的意义。改进了当前在研制阶段的几个离散点对费用估算加上费用偏差问题得出完工估算的做法，综合考虑研制项目各方面的情况，估算结果更加实时准确。

基于预测挣值管理的方法，使用第三代参数估算模型进行型号项目研制费用控制，在协调计划费用、实际费用的同时，还充分考虑型号研制项目完成情况。通过该方法，增强了偏差分析诊断能力，能够更好地评估进度偏差对型号研制费用的影响，改进了独立基线评审结果，把费用、进度和技术性能有机地联系起来，具有更强的风险评估能力和更好的置信水平。

通过建立预测挣值管理系统，可有效监督研制费用的变动情况，发现费用实际状况中的偏差，采取各种纠偏措施将经费控制在预算范围之内，确保实际发生的项目经费和经费变更都能够有据可查；防止不正当或未授权的项目变更所发生的费用被列入产品研制项目经费预算，以及采取相应的项目费用变动管理措施，为复杂特殊产品费用管理工作提供坚实的技术支撑。

6.6　本章小结

本章主要研究复杂特殊产品科研费用的分析建模和控制。虽然在复杂特殊产品的寿命周期费用中论证研制费所占的比重不是很大，但是它对复杂特殊产品寿命周期费用的影响起着至关重要的作用。因此，本章在对复杂特殊产品的研制费用进行了分析建模的基础，对复杂特殊产品研制项目的费用控制方法进行了研究。

首先，说明和介绍了复杂特殊产品研制费用的分类和组成，阐述了复杂特殊产品研制费用在寿命周期费用中的影响、作用和地位，分析和梳理了复杂特殊产品研制项目的特点和规律。

其次，对几种典型复杂特殊产品的研制费的静态值和动态值进行分析和计算，由于有些车型资料保存不全，很难收集到研制费用的数据，为此，给出了已知产品的采购价格估算研制费用的估算模型，为后续主产品类复杂特殊产品和配套类复杂特殊产品研制费的建模提供尽可能多的数据支撑。

再次，分别对主产品类复杂特殊产品和配套类复杂特殊产品进行研制费用的预算模型研究。通过对主产品类复杂特殊产品关键费用因子的分析，确定了产品全重、作业能力、发动机功率、平均越野速度、稳定精度、行进间稳定精度和夜视距离 7 个影响研制费用的关键因素，通过回归和求解得出主产品类复杂特殊产品研制费预算模型为：

$$C_D = 5.8063 \times 10^{-8} W^{-1.0549} D_F^{2.49} D^{2.5421} V_y^{0.46449} F_B^{-0.71687} F_y^{-0.34507} F_S^{0.14038}$$

通过对配套类复杂特殊产品关键费用因子的分析，确定了产品全重、发动机功率、平均越野速度、作业能力和关键影响系数 5 个影响研制费用的关键因素，通过回归计算和求解得出配套类复杂特殊产品研制费用预算模型为：

$$C_D = 3.3381 \times 10^{-10} W^{2.0275} D^{3.0386} V_y^{2.1673} D_F^{0.1899} a_t$$

最后，针对复杂特殊产品研制费用的特点，详细论述了基于挣值管理的研制费用控制的技术和方法，具有较高的实用性。

第7章 复杂特殊产品采购费
的分析及建模

复杂特殊产品的采购费 C_{PI} 是指产品定型后,为投入使用所需的全部费用,主要包括产品采购价格 C_P 及初始保障费 C_{IS} 两部分费用。而采购价格 C_P 和初始保障费 C_{IS} 各部分的详细费用构成可见第 4 章的分析。

对复杂特殊产品采购费的预算采用了参数法和工程法相结合的方式。对复杂特殊产品采购价格的预算采用了参数法。在采购价格预算模型的建立过程中,同样遵循了复杂特殊产品研制费预算模型的基本要求,在对复杂特殊产品定价成本费构成的百分比分析及各分组价格数据分析的基础上,经过确定各主要费用单元的费用因子,分别建立了主产品类和配套产品类各分组价格的预算模型。而对于初始保障费,则采用了工程估算法。在逐项分析的基础上,通过求和运算,最终计算出复杂特殊产品的初始保障费。

7.1 主产品类复杂特殊产品采购费的数据分析及建模

7.1.1 主产品类复杂特殊产品采购费的数据分析

根据复杂特殊产品系统的基本构成,将其硬件系统分解成为:发动机及辅助系统分组价格 C_{FZ},传、行、操装置分组价格 C_{CX},本体分组价格 C_{CT},电气通讯设备分组价格 C_{DT},作业设备分组价格 C_{HP},特殊设备分组价格 C_{PT},三防灭火抑爆和烟幕装置分组价格 C_{SY},观瞄系统分组价格 C_{HK},潜渡导航和备件分组价格 C_{QB} 9 个费用单元。

发动机及辅助系统分组主要包括:发动机安装、冷却系、润滑系、空气供给系、燃油供给系、排气系、油门操纵装置、加温器安装、发动机隔板、百叶窗及其操纵和高压空气系统等；传、行、操装置分组主要包括：主离合器、变速箱、左右行星转向机、左右制动器、主动轮、左右侧负重轮与悬挂装置、减震器安装、诱导轮和履带调整装置、侧减速器安装、变速箱操纵装置，行星转向机操纵联动装置、主离合器液压助力操纵装置、传动箱、风扇传动装置、履带、弹性联轴器、助力操纵液压系统等；本体分组主要包括：车体、驾驶椅等；电气通讯设备分组主要包括：电气设备安装、通信设备安装、检测仪表安装等；作业设备分组主要包括：作业设备安装、作业塔安装、座圈安装等；特殊设备分组主要包括：特殊设备总成；三防灭火抑爆和烟幕装置分组主要包括：三防装置、自动灭火装置、热烟幕装置等；观瞄系统分组主要包括：系统安装、观察装置等；潜渡、导航和备件分组主要包括：产品外部备品安装、排水装置、潜渡装置、导航装置、附件等。

　　以 2000 年为基准，对复杂特殊产品 A、B、C、D、E 5 种产品采购价格进行分组研究，并经过折现运算，得到了如表 7 - 1 所示的典型复杂特殊产品分组价格的动态值。

表 7 - 1　典型复杂特殊产品分组价格的动态值（万元）

分组名称	特殊产品 A	特殊产品 B	特殊产品 C	特殊产品 D	特殊产品 E
发动机及辅助系统	222.23	45.74	59.62	63.87	27.63
传、行、操装置	429.85	82.91	84.44	67.5	38.84
车体	230.2	43.19	50.20	47.17	37.81
电气通讯设备	49.67	8.22	14.03	14.65	3.05
作业设备	174.46	81.63	157.71	180.52	32.48
特殊装置	98.61	23.89	37.81	37.29	19.89
三防灭火抑爆 和烟幕装置	35.85	19.68	26.33	28.7	4.99
观瞄系统	417.17	106	106	121	50
潜渡、导航和备件	59.19	15.1	6.2	20.24	6.11

7.1.2 主产品类复杂特殊产品采购费预算模型

1. 发动机及辅助系统分组价格建模

经过认真分析和仔细研究，认为决定发动机及辅助系统分级价格的主要因素是发动机功率，其模型的形式为：

$$C_{FZ} = aD^b \qquad\qquad (7-1)$$

式（7-1）中，

C_{FZ} 表示发动机及辅助系统分组价格（万元）；

D 表示发动机功率（kW）。

根据表 7-1 中的数据建立如式（7-2）所示的方程组：

$$\begin{cases} 222.23 = a \times 882^b \\ 27.63 = a \times 427^b \\ 45.74 = a \times 537^b \\ 63.87 = a \times 537^b \end{cases} \qquad\qquad (7-2)$$

利用 Matlab 6.5 中的 Curve Fitting Toolbox 组件对拟合参数 a,b 进行求解。解算过程中，设定拟合选项（Fit Options）中的 Robust 取值为 Bisquare，运算法则（Algorithm）指定为 Levenberg – Marquardt 法。

解算后 7-2 式的拟合参数 a,b 取值如下：

$a = 1.002 \times 10^{-6}$ 95% 的置信区间（ -5.691×10^{-6}，7.696×10^{-6}）

$b = 2.833$ 95% 的置信区间（1.84，3.827）

即，

$$C_{FZ} = 1.002 \times 10^{-6} D^{2.833} \qquad\qquad (7-3)$$

式（7-3）的拟合优度（goodness of fit）如表 7-2 所示，拟合残差（residuals）如表 7-3 所示，拟合曲线如图 7-1 所示：

表 7-2 发动机及辅助系统分组价格预算模型的拟合优度

SSE	R – Square	Adjusted R – Square	RMSE
177.7	0.9926	0.9889	9.426

表 7 - 3　发动机及辅助系统分组价格预算模型的拟合残差表

实际购置费	222. 23	27. 63	45. 74	63. 87
拟合残差	- 0. 0278558	- 0. 827282	- 8. 74248	9. 38752
相对误差	- 0. 013%	- 3%	- 19. 11%	14. 7%

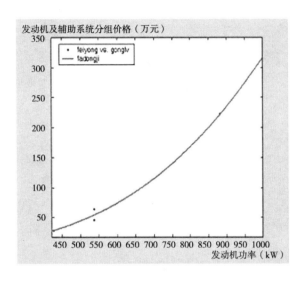

图 7 - 1　发动机及辅助系统分组价格预算模型的拟合曲线

2. 传动、行动和操纵装置分组价格建模

传动、行动和操纵装置分组价格主要和发动机功率及越野速度有关系，因此可以建立如式（7 - 4）所示的模型：

$$C_{CX} = aD^b V_y^c \tag{7-4}$$

式（7 - 4）中，

C_{CX} 表示传动、行动和操纵装置分组价格（万元）；

D 表示发动机功率（kW）；

V_y 表示越野速度（km）。

令：$x_1 = \log(D)$，$x_2 = \log(V_y)$，$Y = \log(C_{CX})$

则式（7 - 4）的非线性模型可转化为二元线性回归模型，其表达式为：

$$Y = \beta_0 + \beta_1 \cdot x_1 + \beta_2 \cdot x_2 + \varepsilon \tag{7-5}$$

其中，

$$\beta_0 = \log a, \quad \beta_1 = b, \quad \beta_2 = c$$

由表 7 - 1 中的数据代入式（7 - 5），得方程组：

$$\begin{cases} 2.633 = \hat{\beta}_0 + \hat{\beta}_1 \cdot 2.945 + \hat{\beta}_2 \cdot 1.653 \\ 1.589 = \hat{\beta}_0 + \hat{\beta}_1 \cdot 2.630 + \hat{\beta}_2 \cdot 1.462 \\ 1.917 = \hat{\beta}_0 + \hat{\beta}_1 \cdot 2.730 + \hat{\beta}_2 \cdot 1.602 \\ 1.829 = \hat{\beta}_0 + \hat{\beta}_1 \cdot 2.730 + \hat{\beta}_2 \cdot 1.602 \end{cases} \quad (7-6)$$

求解，得到如下方程：

$$C_{CX} = 6.3299 \times 10^{-8} D^{3.6416} V_y^{-0.5409} \quad (7-7)$$

由于 $R^2 = 0.9934 > 0.9$，因此该线性回归有一定意义；且 $F = 75.4025 > F_{0.05}$，即所求方程在 95% 的置信区间是可以接受的。如果取检验的显著性水平为 0.10，则 $p = 0.0812 < 0.10$，所以该线性回归是显著的。

通过对式（7 - 7）的计算得拟合残差如表 7 - 4 所示。

表 7 - 4　传、行、操装置分组价格预算模型的误差分析

传、行、操装置分组价格（万元）	429.85	38.84	82.91	67.5
模型计算值	429.85	38.84	75.205	75.205
拟合残差	0	0	7.705	- 7.705
相对误差	0.0%	0.0%	9.3%	- 11.4%

3. 本体分组价格建模

本体分组价格主要和重量有关，因此可建立如下模型：

$$C_{CT} = aW_{CT}^b \quad (7-8)$$

或者为：

$$C_{CT} = aW_{CT}^2 + bW_{CT} + c \quad (7-9)$$

式（7 - 8）和式（7 - 9）中，

C_{CT} 表示本体分组价格（万元）；

W_{CT} 表示重量（t）。

将表 7 - 1 中的相应数据代入上两式中，解算后得到式（7 - 8）的拟合参数 a, b 为：

$a = 1.087 \times 10^{-9}$　95% 的置信区间（$- 1.44 \times 10^{-8}$, 1.657×10^{-8}）

$b = 6.665$　95% 的置信区间（2.998, 10.33）

即，

$$C_{CT} = 1.087 \times 10^{-9} W_{CT}^{6.665} \quad (7-10)$$

而式（7 - 9）的拟合参数 a, b, c 为：

$a = 1.344$　　95% 的置信区间（ -1.47, 4.158 ）

$b = -102.3$　95% 的置信区间（ -347.8, 143.3 ）

$c = 1983$　　95% 的置信区间（ -3287, 7254 ）

即，$C_{CT} = 1.344 W_{CT}^2 - 102.3 W_{CT} + 1983$ 　　　　　（7 – 11）

上两式的拟合优度（goodness of fit）如表 7 – 5 所示，拟合残差（residuals）如表 7 – 6 所示，拟合曲线如图 7 – 2 所示：

表 7 – 5　本体分组价格预算模型的拟合优度

	SSE	R – Square	Adjusted R – Square	RMSE
幂函数形式	427.6	0.9838	0.9757	14.62
线性函数形式	51.81	0.998	0.9941	7.198

表 7 – 6　本体分组价格预算模型的残差分析

本体分组价格（万元）	37.81	43.19	47.17	230.2
幂函数形式	9.7	6.425	13.837	1.216
线性函数形式	– 3.19051	5.38399	– 2.39288	0.199407

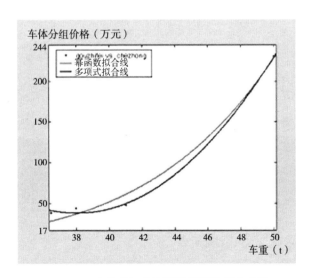

图 7 – 2　本体分组价格预算模型的拟合曲线

综上所述，无论从拟合优度还是拟合残差上来看，式（7 – 11）都要好于式（7 – 10），而从拟合曲线图上看式（7 – 11）的优势更强，因此，本体购置费的数学模型选用式（7-12），即：

$$C_{CT} = 1.344W_{CT}^2 - 102.3W_{CT} + 1983 \qquad (7-12)$$

式（7-11）中，

C_{CT} 表示本体分组价格（万元）；

W_{CT} 表示产品本体重量（t）。

4. 电气通信设备分组价格建模

电气和通信设备分组价格主要和发电机功率及通信距离有关，因此可建立如式（7-12）所示的模型：

$$C_{DT} = aD_l^b J_l^c \qquad (7-12)$$

式（7-12）中，

C_{DT} 表示电气和通信设备分组价格（万元）；

D_l 表示发电机功率（kW）；

J_l 表示通信距离（km）。

令 $x_1 = \log(D_l)$ ，$x_2 = \log(J_l)$ ，$Y = \log(C_{DT})$

则得二元线性回归模型，

$$Y = \beta_0 + \beta_1 x_1 + \beta_2 x_2 + \varepsilon \qquad (7-13)$$

其中，

$$\beta_0 = \log a , \quad \beta_1 = b , \beta_2 = c$$

将表7-1中的相应数据代入式（7-13），经解算得：

$$C_{DT} = 0.0012D_l^{0.9809} J_l^{2.1974} \qquad (7-14)$$

经假设检验后，其 $R^2 = 0.9986 > 0.9$ ，因此认为线性回归有一定意义；而 $F = 352.3872 > F_{0.05}$ ，即所求方程在95%的置信区间是可以接受的；同时在检验的显著性水平为 0.10 时 $p = 0.0376 < 0.10$ ，这说明线性回归是显著的。

5. 作业设备分组价格建模

作业设备分组价格主要和设备的口径有关系，因此可建立如式（7-15）所示的模型。

$$C_{HP} = aD_F^b \qquad (7-15)$$

或者为：

$$C_{HP} = aD_F^b + c \qquad (7-16)$$

式（7-15）和（7-16）中：

C_{HP} 表示作业设备分组价格（万元）；

D_F 设备口径（mm）。

将表 7-1 中的相应数据代入以上两式中，经整理解算后，得式（7-15）的拟合参数 a,b 为：

$a = 1.534 \times 10^{-10}$　95% 的置信区间（-3.535×10^{-9}, 3.842×10^{-9}）

$b = 5.754$　　　95% 的置信区间（0.7545, 10.75）

即，

$$C_{HP} = 1.534 \times 10^{-10} D_F^{5.754} \qquad (7-17)$$

而式（7-16）的拟合参数 a,b,c 为：

$a = -6.96 \times 10^{13}$　95% 的置信区间（-6.812×10^{15}, 6.673×10^{15}）

$b = -5.771$　　　95% 的置信区间（-27.17, 15.63）

$c = 232.7$　　　95% 的置信区间（-135.5, 601）

即，

$$C_{HP} = -6.96 \times 10^{13} D_F^{-5.771} + 232.7 \qquad (7-18)$$

两式的拟合优度（goodness of fit）如表 7-7 所示，拟合残差（residuals）如表 7-8 所示，拟合曲线如图 7-3 所示：

表 7-7　作业设备分组价格预算模型的拟合优度

	SSE	R-Square	Adjusted R-Square	RMSE
幂函数形式	613.8	0.961	0.9415	17.52
多项式形式	19.37	0.9988	0.9963	4.401

表 7-8　作业设备分组价格预算模型的残差分析

作业设备购置费（万元）	32.48	81.63	174.46	180.52
幂函数形式	-16.8515	16.3108	-3.66078	2.39922
多项式形式	-0.00349	0.00528	-3.03101	3.02899

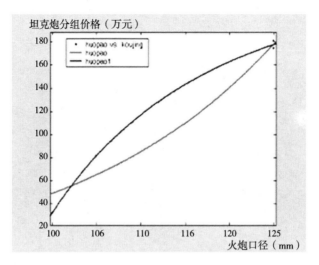

图7-3 作业设备分组价格预算模型的拟合曲线

综上所述，作业设备分组价格的预算模型如下：

$$C_{HP} = -6.96 \times 10^{13} D_F^{-5.771} + 232.7$$

式中，

C_{HP} 表示作业设备分组价格（万元）；

D_F 表示设备口径（mm）。

6. 特殊装置分组价格建模

特殊装置分组价格主要和重量有关，因此可以建立如式（7-19）所示的模型：

$$C_{PT} = aW_{PT}^b \tag{7-19}$$

或者为，

$$F_{PT} = aW_{PT}^2 + bW_{PT} + c \tag{7-20}$$

式（7-19）和式（7-20）中，

C_{PT} 表示特殊装置分组价格（万元）；

W_{PT} 表示重量（t）。

将表7-1中的相应数据代入上两式中，整理解算后，得到式（7-19）的拟合参数 a,b 为：

$a = 6.775 \times 10^{-6}$　95%的置信区间（-2.07×10^{-4}，2.206×10^{-4}）

$b = 6.34$　　　　　95%的置信区间（-6.019，18.7）

即，　　　　　　　　$$C_{PT} = 6.775 \times 10^{-6} W_{PT}^{6.34} \tag{7-21}$$

而式（7-20）的拟合参数 a,b,c 为：

$a = 19.04$　　95%的置信区间（-51.15，89.23）

$b = -431.7$　　95％的置信区间（−2106，1242）

$c = 2464$　　　95％的置信区间（−7416，1.234×10^4）

即，　　　　　$C_{PT} = 19.04W_{PT}^2 - 431.7W_{PT} + 2464$ 　　　　（7 − 22）

两式的拟合优度（goodness of fit）如表 7 − 9 所示，拟合残差（residuals）如表 7 − 10 所示，拟合曲线如图 7 − 4 所示。

表 7 − 9　特殊装置分组价格预算模型的拟合优度

	SSE	R − Square	Adjusted R − Square	RMSE
幂函数形式	1032	0.7425	0.6138	22.72
多项式形式	94.56	0.9764	0.9292	9.724

表 7 − 10　特殊装置分组价格预算模型的残差分析

特殊装置分组价格（万元）	32.48	81.63	174.46	180.52
幂函数形式	17.0954	3.69539	− 20.2144	3.82563
多项式形式	6.7	− 6.7	0	0

综合上分析，特殊装置分组价格的预算模型采用式（7 − 22），即，

$$C_{PT} = 19.04W_{PT}^2 - 431.7W_{PT} + 2464$$

上式中，

C_{PT} 表示特殊装置分组价格（万元）；W_{PT} 表示特殊装置重量（t）。

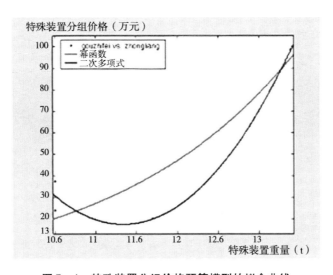

图 7 − 4　特殊装置分组价格预算模型的拟合曲线

7. 三防灭火抑爆和烟幕装置分组价格建模

根据目前复杂特殊产品三防、灭火抑爆和烟幕装置的情况，三防灭火抑爆和烟幕装置分组价格可用产品系数法进行估计，其模型为：

$$C_{SY} = aK_{SY} \qquad (7-23)$$

式（7-23）中，

C_{SY} 表示三防、灭火抑爆和烟幕装置分组价格（万元）；

K_{SY} 表示三防、灭火抑爆和烟幕装置选用系数，其取值如下：

$$K_{SY} = \begin{cases} 1 & \text{一代产品} \\ 4.85 & \text{二代产品} \\ 9.18 & \text{三代产品} \end{cases} \qquad (7-24)$$

由表 7-1 中的数据可求得 $a = 4.99$ ，最后得模型具体表达式如下：

$$C_{SY} = 4.99K_{SY} \qquad (7-25)$$

8. 观瞄系统分组价格建模

观瞄系统分组价格主要和稳定精度、行进间瞄准线稳定精度及夜视距离有关，因此，可建立如式（7-26）所示的模型：

$$C_{HK} = aF_y^b F_B^c F_S^d \qquad (7-26)$$

式（7-26）中，

C_{HK} 表示观瞄系统分组价格（万元）；

F_y 表示行进间瞄准线稳定精度（密位）；

F_B 表示稳定精度（密位）；

F_s 表示夜视距离（m）。

令 $x_1 = \log(F_y)$ ，$x_2 = \log(F_B)$ ，$x_3 = \log(F_s)$ ，$Y = \log(C_{HK})$

则式（7-26）可化为三元线性回归模型，即，

$$Y = \beta_0 + \beta_1 x_1 + \beta_2 x_2 + \beta_3 x_3 + \varepsilon \qquad (7-27)$$

其中：$\beta_0 = \log a$ ，$\beta_1 = b$ ，$\beta_2 = c$ ，$\beta_3 = d$

行进间瞄准线稳定精度、产品稳定精度和夜视距离的具体取值见表 7-11。

表 7 - 11　观瞄系统类型及有关性能参数表

产品类型	控制类型	行进间瞄准线稳定精度（密位）	火控稳定精度（密位）	夜视距离（m）
特殊产品 D	简易控制	1.5	1.5	1000
特殊产品 F	稳像控制	0.15	1.5	1000
特殊产品 K	稳像控制	0.15	1	2000

将表 7 - 1 和表 7 - 11 的数据代入式（7 - 27）中，解算后得：

$$C_{HK} = 2.8644 \times 10^{-4} F_y^{-0.3263} F_B^{-0.3264} F_s^{1.7856} \qquad (7 - 28)$$

经假设检验后，得 $R^2 = 0.99976 > 0.9$，则线性回归有意义。因此，观瞄系统分组价格的预算模型为：

$$C_{HK} = 2.8644 \times 10^{-4} F_y^{-0.3263} F_B^{-0.3264} F_s^{1.7856}$$

式中，

C_{HK} 表示观瞄系统分组价格（万元）；

F_y 表示行进间瞄准线稳定精度（密位）；

F_B 表示产品稳定精度（密位）；

F_s 表示夜视距离（m）。

9. 潜渡、导航和备件分组价格建模

根据目前主产品类复杂特殊产品中潜渡、导航和备件的情况，可以采用产品系数法进行估算，其模型为：

$$C_{QB} = aK_{QB} \qquad (7 - 29)$$

式（7 - 29）中，

C_{QB} 表示潜渡、导航和备件分组价格（万元）；

K_{QB} 表示潜渡、导航和备件选用系数，其取值如下：

$$K_{QB} = \begin{cases} 1 & \text{一代产品} \\ 3 & \text{二代产品} \\ 9.7 & \text{三代产品} \end{cases} \qquad (7 - 30)$$

根据表 7 - 1 中的数据，经计算得 $a = 6.11$，最后得模型具体表达式如下：

$$C_{QB} = 6.11 K_{QB} \qquad (7-31)$$

10. 主产品类复杂特殊产品的采购费预算模型

通过前面 9 项分组费用单元预算模型的建立，最后将上述分组价格预算模型求和，即可得到主产品类复杂特殊产品采购费的预算模型：

$$C_P = C_{FZ} + C_{CX} + C_{CT} + C_{DT} + C_{HP} + C_{PT} + C_{SY} + C_{HK} + C_{QB} \qquad (7-32)$$

7.2 配套类复杂特殊产品采购费的数据分析及建模

7.2.1 配套类复杂特殊产品分组价格的数据分析

从目前配套类复杂特殊产品的现状来看，复杂特殊产品的配套类产品主要有配套类产品 A、配套类产品 B、配套类产品 C、配套类产品 D、配套类产品 E 和配套类产品 F 6 大类产品。

表 7 - 12　典型配套产品分组价格动态值（万元）

产品类型	发动机及辅助系统分组价格	传、行、操装置分组价格	车体和防护分组价格	电气通讯设备分组价格	作业设备分组价格	排水装置及附件分组价格
配套类特殊产品 A	26.71	62.78	27.01	17.9	——	3.09
配套类特殊产品 B	13.32	9.72	6.22	3.31	——	1.31
配套类特殊产品 C	23.37	36.79	46.27	51.42	——	2.24
配套类特殊产品 D	——	——	——	——	85.05	——
配套类特殊产品 E	21.04	66.27	37.86	23.75	——	9.88
配套类特殊产品 F	——	——	——	——	110	——

根据配套产品硬件系统的构成情况，将配套类产品分解成：发动机及辅助系统分组价格，传动、行动和操纵装置分组价格，车体和防护分组价格，电气通信设备分组价格，作业设备分组价格，排水装置及附件分组价格 6 个费用单元。

在对配套类复杂特殊产品 A、配套类复杂特殊产品 B、配套类复杂特配套类复杂特殊产品 C、配套类复杂特殊产品 D、配套类复杂特殊产品 E 和配套类复杂特殊产品 F 的采购价格进行分组研究的基础上，经过折现运算，建立如表 7 - 12 所示的以 2000 年为基准的 6 种典型配套类复杂特殊产品分组价格的动态值表和表 7 - 13 对应的典型配套类产品参数性能表。

表 7 - 13　配套类产品分组价格及主要性能参数表

车　型	发动机功率 （kW）D	公路速度 （km/h）V_y	战斗全重 （t）W	机关炮口径 （mm）D_f
配套类产品 A	235	50	14.5	——
配套类产品 B	191	40	13.6	——
配套类产品 C	141	60	11.7	——
配套类产品 D	——	——	——	25
配套类产品 E	235	60	14.85	——
配套类产品 F	——	——	——	30

7.2.2　配套类复杂特殊产品分组价格预算模型的建立

1. 发动机及辅助系统分组价格建模

发动机及辅助系统分组价格主要和发动机功率有关。因此，将表 7 - 12 中发动机及辅助系统分组价格作为纵坐标，而将表 7 - 13 中的发动机功率作为横坐标，可得到如图 7 - 5 所示的散点图。

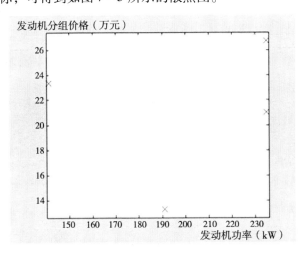

图 7 - 5　发动机辅助系统分组价格散点图

从散点图的形状看，发动机分组价格的模型应为：

$$C_{FZ} = aD^b \qquad (7-33)$$

或者为，

$$C_{FZ} = aD^2 + bD + c \qquad (7-34)$$

式（7-33）和式（7-34）中，

C_{FZ} 表示发动机及辅助系统分组价格（万元）；

D 表示发动机功率（kW）。

利用 Matlab 6.5 中的 Curve Fitting Toolbox 组件对拟合参数 a,b,c 进行求解。解算过程中，设定拟合选项（Fit Options）中的 Robust 取值为 Bisquare，运算法则（Algorithm）指定为 Levenberg – Marquardt 法。解算后得式（7-33）的拟合参数 a,b 为：

a = 9.4　　95% 的置信区间（-183.3, 202.1）

b = 0.1534　95% 的置信区间（-3.723, 4.029）

即，

$$C_{FZ} = 9.4D^{0.1534} \qquad (7-35)$$

而式（7-34）的拟合参数 a,b,c 为：

a = 0.00469　95% 的置信区间（-0.02303, 0.03241）

b = -1.758　　95% 的置信区间（-12.3, 8.783）

c = 178　　　　95% 的置信区间（-784.9, 1141）

即，

$$C_{FZ} = 0.00469D^2 - 1.758D + 178 \qquad (7-36)$$

两式的拟合优度（goodness of fit）如表 7-14 所示，拟合残差（residuals）如表 7-15 所示，拟合曲线如图 7-6 所示。

表 7-14　发动机及辅助系统分组价格预算模型的拟合优度表

	SSE	R – Square	Adjusted R – Square	RMSE
幂函数形式	120.9	-0.241	-0.8662	7.774
多项式形式	16.93	0.8257	0.4772	4.115

表 7 - 15　发动机及辅助系统分组价格预算模型的残差分析

发动机分组价格（万元）		13.32	21.04	23.37	26.71
幂函数形式	拟合残差	-7.724	-0.684	3.284	4.986
	相对误差	-57.99%	-3.25%	14.05%	18.67%
多项式形式	拟合残差	0	-2.835	0	2.835
	相对误差	0%	-13.47%	0%	10.61%

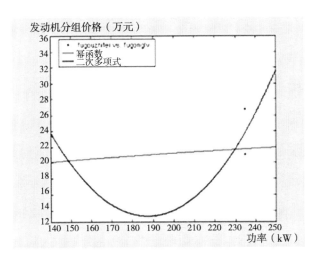

图 7 - 6　发动机及辅助系统分组价格预算模型的拟合曲线

综上分析，可以将配套产品的发动机及辅助系统分组价格的预算模型确定为式（7 - 36），即，

$$C_{FZ} = 0.00469D^2 - 1.758D + 178$$

式中：

C_{FZ} 表示发动机及辅助系统分组价格（万元）；

D 表示发动机功率（kW）。

2. 传、行、操装置分组价格建模

配套类产品的传、行、操装置分组价格同主产品类的传、行、操装置分组价格的数学模型基本一致，即该部分的分组价格主要与发动机功率及越野速度有关。其模型的基本形式如下：

$$C_{CX} = aD^b V_y^c \qquad (7 - 37)$$

式（7－37）中，

C_{CX} 表示传、行、操装置分组价格（万元）；

D 表示发动机功率（kW）；

V_y 表示越野速度（km/h）。

令　$x_1 = \log(D)$，$x_2 = \log(V_y)$，$Y = \log(C_{cx})$

则式（7－37）的非线性模型可转化为二元线性回归模型，其表达式如下：

$$Y = \beta_0 + \beta_1 \cdot x_1 + \beta_2 \cdot x_2 + \varepsilon \qquad (7-38)$$

其中：$\beta_0 = \log a$，$\beta_1 = b$，$\beta_2 = c$

把表7－12和表7－13中的数据代入式（7－38）中，得方程组：

$$\begin{cases} 0.988 = \hat{\beta}_0 + \hat{\beta}_1 \cdot 2.281 + \hat{\beta}_2 \cdot 1.602 \\ 1.821 = \hat{\beta}_0 + \hat{\beta}_1 \cdot 2.371 + \hat{\beta}_2 \cdot 1.778 \\ 1.566 = \hat{\beta}_0 + \hat{\beta}_1 \cdot 2.149 + \hat{\beta}_2 \cdot 1.778 \\ 1.798 = \hat{\beta}_0 + \hat{\beta}_1 \cdot 2.371 + \hat{\beta}_2 \cdot 1.699 \end{cases}$$

求解，得到如下方程：

$$C_{CX} = 2.108 \times 10^{-10} D^{1.857} V_Y^{4.0609} \qquad (7-39)$$

由于 $R^2 = 0.9934 > 0.9$，因此该线性回归有一定意义；且 $F = 75.4025 > F_{0.05}$，即所求方程在95%的置信区间是可以接受的，所以该线性回归是显著的。

通过对式（7－39）的计算，得拟合残差如表7－16所示。

表7－16　传、行、操装置分组价格预算模型的误差分析

传、行、操装置分组价格（万元）	9.72	66.27	36.79	62.78
模型计算值	11.63	88.68	34.35	42.3
拟合残差	1.91	22.41	-2.44	-20.48
相对误差	19.6%	33.8%	-6.6%	-32.6%

3. 车体和防护分组价格建模

车体和防护分组价格主要与配套类产品的全重有关。因此，将表7－12中车体和防护分组价格作为纵坐标，将表7－13中的产品全重作为横坐

标，可以得如图 7 - 7 所示的散点图。

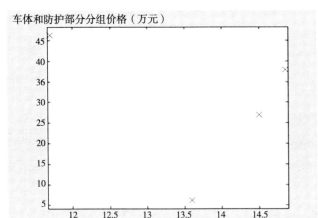

图 7 - 7　车体和防护分组价格的散点图

从散点图的形状来看，发动机分组价格的模型应为：

$$C_{CT} = aW^b \tag{7-40}$$

或者为，

$$C_{CT} = aW^2 + bW + c \tag{7-41}$$

式（7 - 40）和式（7 - 41）中，

C_{CT} 表示车体和防护分组价格（万元）；

W 表示产品全重（t）。

利用 Matlab 6.5 中的 Curve Fitting Toolbox 组件对拟合参数 a, b, c 进行求解。解算过程中，设定拟合选项（Fit Options）中的 Robust 取值为 Bisquare，运算法则（Algorithm）指定为 Levenberg - Marquardt 法。将表 7 - 14 和表 7 - 15 中相应的数据分别代入式（7 - 40）和式（7 - 41），解算后得式（7 - 40）的拟合参数 a, b 为：

$a = 1.092 \times 10^4$　　95% 的置信区间（$-4.237 \times 10^5, 4.456 \times 10^5$）

$b = -2.276$　　95% 的置信区间（$-17.85, 13.3$）

即，

$$C_{CT} = 1.092 \times 10^4 W^{-2.276} \tag{7-42}$$

而式（7 - 41）的拟合参数 a, b, c 为：

$a = 14.69$ 95%的置信区间（-0.2401，29.63）

$b = -392.4$ 95%的置信区间（-787.4，2.566）

$c = 2626$ 95%的置信区间（36.81，5215）

即，

$$C_{CT} = 14.69W^2 - 392.4W + 2626 \qquad (7-43)$$

式（7-42）和式（7-43）的拟合优度（goodness of fit）如表 7-17 所示，拟合残差（residuals）如表 7-18 所示，拟合曲线如图 7-8 所示。

表 7-17   车体和防护分组价格预算模型的拟合优度

	SSE	R - Square	Adjusted R - Square	RMSE
幂函数形式	958.3	-0.06575	-0.5986	21.89
多项式形式	5.127	0.9943	0.9829	2.264

表 7-18   车体和防护分组价格预算模型的残差分析

车体和防护分组价格（万元）		6.22	37.86	51.42	17.9
幂函数形式	拟合残差	-22.4863	14.3608	5.837	2.1997
	相对误差	-361.5%	37.9%	11.4%	12.3%
多项式形式	拟合残差	-0.6905	-1.0709	0.0881	1.6734
	相对误差	-11.1%	-2.8%	0.2%	9.3%

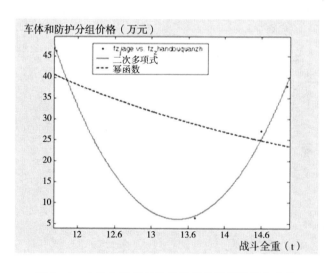

图 7-8   车体和防护分组价格预算模型的拟合曲线

经过上述分析后，将式（7 - 43）确定为配套类产品车体和防护分组价格的预算模型，即：

$$C_{CT} = 14.69W^2 - 392.4W + 2626$$

式中：

C_{CT} 表示车体和防护分组价格（万元）；

W 表示产品全重（t）。

4. 电气通讯设备分组价格建模

配套类产品电气通信设备的分组价格也可以采用产品系数法进行估计，其模型为：

$$C_{DT} = aK_{DT} \tag{7 - 44}$$

式（7 - 44）中，

C_{DT} 表示电气通讯设备分组价格（万元）；

K_{DT} 表示电气通讯设备选用系数，其取值情况如下：

$$K_{DT} = \begin{cases} 6.3 & \text{无特殊用途配套车辆} \\ 2.5 & \text{特殊用途配套车辆} \end{cases} \tag{7 - 45}$$

由表 7 - 12 中相应的数据，可以求得 $a = 3.31$，则电气通讯设备分组价格的预算模型为：

$$C_{DT} = 3.31K_{DT} \tag{7 - 46}$$

5. 特殊设备分组价格建模

配套产品的特殊设备的口径均较小，其口径主要为 25mm 和 30mm，其分组价格可由特殊设备口径来确定，其模型如下：

$$C_{PT} = aD_f^b \tag{7 - 47}$$

式（7 - 47）中：

C_{PT} 表示特殊设备分组价格（万元）；

D_f 表示特殊设备口径（mm）。

根据表 7 - 14 和表 7 - 15 中的相应数据，可以列出如下方程组：

$$\begin{cases} 85.05 = a \cdot 25^b \\ 110 = a \cdot 30^b \end{cases}$$

解方程组，得：

$$C_{PT} = 0.9064 D_f^{1.4109} \qquad (7-48)$$

6. 排水装置及附件分组价格建模

配套类产品的排水装置及附件分组价格也采用产品系数法进行预算，其模型为：

$$C_{SJ} = aK_{SJ} \qquad (7-49)$$

式（7-49）中：

C_{SJ} 表示排水装置及附件等设备分组价格（万元）；

K_{SJ} 表示排水装置及附件等设备选用系数，其具体取值如下：

$$K_{SJ} = \begin{cases} 1 & \text{一代配套车辆} \\ 2.04 & \text{二代配套车辆} \\ 7.54 & \text{二代配套车辆（带水上推进装置）} \end{cases} \qquad (7-50)$$

根据表 7-12 中相应的数据，可以计算出 $a = 1.31$，则配套类产品的排水装置及附件分组价格的预算模型为：

$$C_{SJ} = 1.31 K_{SJ} \qquad (7-51)$$

7. 配套类复杂特殊产品采购费预算模型

综合上述分析，可以得到配套类复杂特殊产品分组价格的预算模型为：

$$C_P = C_{FZ} + C_{CX} + C_{CT} + C_{DT} + C_{PT} + C_{SJ} \qquad (7-52)$$

7.3 初始保障费的工程估算法

初始保障费是指为使新产品投入使用后，在较短的时间（如 2～3 年）内，为获得所需的初始保障，有效发挥性能而支付的全部费用。初始保障费 C_{IS1} 由初始备件费 C_{IS1}、初始保障设备费 C_{IS2}、初始保障设施费 C_{IS3}、技术资料费 C_{IS4}、初始培训费 C_{IS5} 和初始包装储运费 C_{IS6} 6 个费用单元组成。按照综合技术保障的要求，为获取初始保障所需的各项保障资源及服务工作，应与装备的研制同步进行。在进行复杂特殊产品初始保障费的预算时，主要采用了工程估算法。

7.3.1 初始备件费

初始备件费是指初始供应保障所发生购置备件（随机备件除外）的费用。作为复杂特殊产品而言，为了满足部署后 2～3 年中使用与维修的需要，在本论文研究中将初始备件费设定为所对应产品的 1 个小修器材费。

7.3.2 初始保障设备费

初始保障设备费是指为研制、购置各种初始保障设备（随机保障设备除外）所需的费用。根据目前产品论证与研制的实际情况，与主产品配套同步研制的保障设备主要有抢救抢修产品、维修工程产品、训练模拟器和维修检测设备等。

抢救抢修产品通常都是采用主产品的基型产品进行变型研制，所以抢救抢修产品的价格与主产品的采购价格有着密切的关系。同样，作为与主产品配套的维修工程设备、训练模拟器和维修检测设备等也与主产品有着密切的关系，主产品技术含量高、系统复杂、采购价格高，那么，这些配套保障设备也相应比较复杂，采购价格也相应升高。同时，再考虑到这些初始保障设备通常按比例配置。因此，根据专家估算法，作为单台主产品所分摊的初始保障设备费通常相当于主产品采购价格的 2%～5%。即有如式（7-53）和式（7-54）所示的模型：

$$C_{IS2} = K_P C_P \qquad (7-53)$$

$$其中，\qquad K_P = \begin{cases} 5\% & 一代产品 \\ 3\% & 二代产品 \\ 2\% & 三代产品 \end{cases}$$

式（7-53）中，

C_{IS2} 表示初始保障设备费(万元)；

K_P 表示初始保障设备费比例系数；

C_P 表示主产品采购价格(万元)。

7.3.3 初始保障设施费

初始保障设施费是指为修建各种初始保障设施及购置附属设备所需的

费用。作为复杂特殊产品的初始保障设施通常主要包括场地、训练和维修3 个方面的设施。作为场地主要设施就是库房；训练方面的主要设施有各种各样训练设施等；而维修设施则主要包括维修车间等。对于现有情况，更新部署新式产品，由于原有的保障设施基本能够满足储存、训练和维修的需要，所以，作为复杂特殊产品的初始保障设施费可以忽略不计。

7.3.4　技术资料费

技术资料费是指为编制或订购初始使用所需的各种技术资料（随机资料除外）所支付的费用。

作为一个产品单元配齐全部的 20 余种教材，基本需要 10 万元，而每年的消耗费为 6000 元。由于技术资料是使用单位接收新产品后所必需的技术内容，也是该阶段应重点开展的工作内容。所以，对于复杂特殊产品而言，将初始保障阶段的技术资料费按全部配齐来考虑，实际所支付的费用为一个产品单元 10 万元。

7.3.5　初始培训费

初始培训费是指为培训试验和接收新产品的使用、保障及管理人员所发生的全部费用。主要包括编写教材与培训计划的费用、研制或订购训练器材的费用、教员和教学管理人员的劳务费等。

根据产品目前初始培训的情况，可以将初始培训的人数确定为每个产品 1 名人员，每名人员的培训参照基地的训练标准（每人每次 1000 元）进行计算。

7.3.6　初始包装储运费

初始包装储运费是指为保障产品初始使用所需的包装、装卸、储存、运输的费用。作为复杂特殊产品而言，由于不存在包装的问题，可以忽略包装费；关于储存问题，考虑正常情况下，在规定的时间内完成接装，因而，也不存在支付储存费的问题。最后，关于运输的问题，在本项目中，无论是接产品的运输，还是大修中的运输，均将价格视为到岸价，也不再具体计算运输费用。经过上面的分析，作为复杂特殊产品的初始包装储存运输费可以全部忽略不计。

7.4　本章小结

本章主要研究了复杂特殊产品采购费的估算预测问题。在分析建模的过程中，把主产品类复杂特殊产品和配套类复杂特殊产品分开论述。

首先，经过分析把主产品类复杂特殊产品共分为 9 个部分，即，发动机及辅助系统，传、行、操装置，车体，电气通信设备，作业设备，特殊装置，三防灭火抑爆和烟幕装置，观瞄系统，潜渡、导航和备件 9 部分，分别建立费用模型，最终求和得到主产品类复杂特殊产品采购费的预算模型为：

$$C_{PT} = 1.002 \times 10^{-6} D^{2.833} + 6.3299 \times 10^{-8} V_Y^{-0.5409} + 1.344 W_{CT}^2 - 102.3 W_{CT}$$
$$+ 1983 + 0.0012 D_I^{0.9809} J_I^{2.1974} - 6.96 \times 10^{13} D_F^{-5.771} + 232.7 + 19.04 W_{PT}^2 -$$
$$431.7 W_{PT} + 2464 + 4.99 K_{SY} + 2.8644 \times 10^{-4} F_Y^{-0.3263} F_B^{-0.3264} F_S^{1.7856} + 6.11 K_{QB}$$

其次，根据配套类复杂特殊产品硬件系统的构成情况，将配套类复杂特殊产品分解成：发动机及辅助系统，传动、行动和操纵装置，车体和防护，电气通讯设备，特殊装置，排水装置及附件 6 个部分，分别建立费用模型，最终求和得到整个配套类复杂特殊产品的采购费的预测模型为：

$$C_P = 0.00469 D^2 - 1.758 D + 178 + 2.108 \times 10^{-10} D^{1.875} V_Y^{4.0609} + 14.69 W^2$$
$$- 392.4 W + 2626 = 3.31 K_{DT} + 0.9064 D_F^{1.4109} + 1.31 K_{SJ}$$

最后，分析研究了初始保障费，分别对构成初始保障费的初始备件费、初始保障设备费、初始保障设施费、技术资料费、初始培训费和初始包装储存运输费进行建模或给出分析说明，为后续的实证研究提供依据。

第8章　复杂特殊产品使用保障费的工程估算及建模

使用保障费是指从产品投入使用起，到产品报废止，所发生的各种费用的总和。它是复杂特殊产品寿命周期费中的重要组成部分，也是衡量经济性的重要指标。就复杂特殊产品使用与保障费而言，主要包括使用费和维修费两个部分。

复杂特殊产品使用与保障费中大量的费用项目都是逐年单项开支的，这种费用发生模式的特点，非常适合于采用工程估算法。因此，使用复杂特殊产品使用与保障费的预算过程中，除建立了油料消耗费、特殊消耗费、小修器材费、中修器材费和大修费的参数模型外，其他费用单元的预算主要采用了工程估算法。

8.1　使用费的工程估算及模型

使用费 C_O 的构成主要包括：油料消耗费 C_{OY}、特殊消耗费 C_{OD}、使用保障设施费 C_{OF}、使用保障设备费 C_{OE}、使用资料费 C_{OZ}、使用人员培训费 C_{OT}、使用人员训练费 C_{OX}、使用人员行政管理费 C_{OM}、使用人员工资与津贴费 C_{OR} 等内容。

8.1.1　油料消耗费估算

油料消耗费 C_{OY} 是指产品使用单位在产品的正常使用过程中，寿命周期内累计消耗的各种油料费用总和。其计算方法为：

$$C_{OY} = \sum_{i=1}^{n} (\text{第 } i \text{ 种油料每摩托小时消耗量} \times \text{摩托小时数} \times \text{油料价格} \times$$

K_A)　　　　　　　　　　　　　　　　　　　　　　　　　　　(8 – 1)

式（8 – 1）中, C_{OY} 表示油料消耗费（万元）; K_A 表示装备物价累计折现指数。

式（8 – 1）中某种油料每摩托小时的耗油量和油料价格，可以从表 8 – 1 和表 8 – 2 中查到。根据产品动用的规定，一般使用单位平均每台产品每年动用 30 个摩托小时，重点单位平均每台产品每年动用 40 个摩托小时，应急单位平均每台产品每年动用 50 个摩托小时。因此，在进行油料消耗费预算时，通常可以取 40 个摩托小时作为平均每台产品每年动用的摩托小时数。

当使用寿命为 50 年时，产品物价累计折现指数 K_A 按前面介绍的方法来进行计算，其产品物价累计折现指数 $K_A = 56.2716$。

根据表 8 – 3 和表 8 – 4 中的数据，可以建立如式（8 – 2）、式（8 – 3）、式（8 – 4）和式（8 – 5）所示的模型。对于新型复杂特殊产品的发动机来说，可以利用这几个模型进行相应的费用预算工作。

表 8 – 1　典型产品每摩托小时耗油量

车　型	燃　油（升/摩托小时）	机　油（升/摩托小时）
产品 A	陆上 29　水上 23.25	陆上 1.5　水上 1
产品 B	陆上 29　水上 23.25	陆上 1.5　水上 1
产品 C	50	2
产品 D	50	2
产品 E	58	2.5
产品 F	77	2.7
产品 G	77	2.7
产品 H	77	2.7
产品 I	88	3.5
产品 J	115	4
产品 K	33	2
产品 L	37.75	3
产品 M	28.5	2
产品 N	18	0.15
产品 O	38.25	0.3
产品 P	38.25	0.3

表 8 - 2　复杂特殊产品主要油料价格

	发动机油		柴油
CC50	6000 元/吨	一代产品用	
SF/CD15W/40	8000 元/吨	二代产品用	
CD10W/40	12000 元/吨	二代产品用	3400 元/吨
CD + 10W/40	15000 元/吨	三代产品用	
CD + 5W/40	6000 元/吨	三代产品用	

表 8 - 3　发动机功率与燃油消耗量关系

产品类型	特殊产品 A	特殊产品 B	特殊产品 C	特殊产品 D	特殊产品 E	特殊产品 F	特殊产品 G	特殊产品 H	特殊产品 I
发动机功率（kW）	191	294	316	215	382	427	537	537	882
燃油消耗量（L/h）	28.5	29	33	37.75	50	58	77	88	115

表 8 - 4　发动机功率与机油消耗量关系

产品类型	特殊产品 A	特殊产品 B	特殊产品 C	特殊产品 D	特殊产品 E	特殊产品 F	特殊产品 G
发动机功率（kW）	294	316	382	427	537	537	882
机油消耗量（升/摩托小时）	1.5	2	2	2.5	2.7	3.5	4

1. 柴油消耗费模型

$$L_C = 0.1357D + 0.2846 \tag{8 - 2}$$

$$C_{CY} = \frac{3.4}{1.203} \times 10^{-4} L_C \tag{8 - 3}$$

式（8 - 2）和式（8 - 3）中，L_C 表示柴油消耗量，升/摩托小时；D 表示发动机功率（kW）；C_{CY} 表示柴油费用（万元/摩托小时）。

2. 机油消耗费模型

$$L_J = 0.004043D + 0.6262 \tag{8 - 4}$$

$$C_{CJ} = \frac{k}{1.13} \times 10^{-4} L_J \qquad (8-5)$$

式（8-4）和式（8-5）中，

L_J 表示机油消耗量（升/摩托小时）；

D 表示发动机功率（kW）；

C_{CJ} 表示机油费用（万元/摩托小时）；

k 表示不同类型机油单价（元/吨）。

8.1.2　特殊消耗费估算

特殊消耗费 C_{OD} 是指使用单位在正常使用过程中，寿命周期内累计发生的特殊消耗费用的总和。其计算方法为：

$$C_{OD} = \sum_{i=1}^{n}（第\ i\ 种特品消耗量 \times 单价 \times K_A） \qquad (8-6)$$

式（8-6）中，

C_{OD} 表示特殊消耗费（万元）；K_A 表示产品物价累计折现指数。

式（8-6）中的特殊品消耗量在使用单位的相关规范中有相应的规定。通常情况下，每个基本使用单位平均每年消耗 A 种特耗品 52、B 种特耗品 2656、C 种特耗品 5100。常用特耗品单价见表 8-5。

表 8-5　特耗品价格（元）

口径（mm）	125	105	100	85	73	30	25
特耗品 A	5000	3600	1900	1000	—	700	—
特耗品 B	9800	9200	3000	3000	1900	1000	600
特耗品 C	7800	5600	5500	1000	1600	—	—

同时，对于从表 7-5 中查不到的特耗品价格，可以利用式（8-7）、式（8-8）和式（8-9）的三种特耗品模型预算出相应的单价。

1. 特耗品 A 费用模型

$$C_{ld} = 7.424 \times 10^{-6} D_F^{4.195} + 512.1 \qquad (8-7)$$

式（8-7）中，C_{ld} 表示特耗品 A 单价（元）；D_F ——口径（mm）。

2. 特耗品 B 费用模型

$$C_{cjd} = 233.5e^{0.02985D_F} \qquad (8-8)$$

式（8-8）中，C_{cjd} 表示特耗品 B 的单价（元）；D_F 表示口径（mm）。

3. 特耗品 C 的费用模型

$$C_{pjd} = 131.9D_F - 8449 \qquad (8-9)$$

式（8-9）中，C_{pjd} 表示特耗品 C 的单价（元）；D_F 表示口径（mm）。

8.1.3　使用保障设施费

使用保障设施费 C_{OF} 通常主要包括库房费 C_{OF1}、作业场地费 C_{OF2}、行驶场地费 C_{OF3}、训练场地费 C_{OF4}、实地作业场地费 C_{OF5} 和营房费 C_{OF6} 等。在下面的估算式中 K_A 为产品物价累计折现指数。

1. 库房费 C_{OF1}

库房费 C_{OF1} 的构成主要包括库房的建设费及库房逐年的维护费两部分。在计算库房费用时，通常可根据库房的使用寿命以及产品投入使用的年限，进行分摊计算。其计算方法如式（8-10）所示：

$$C_{OF1} = \left(\frac{库房面积 \times 单位面积建设费}{库房使用寿命} + 逐年维护费\right) \times K_A \quad (8-10)$$

现投入使用的库房面积通常为 $65m^2$，单位面积建设费 650 元/m^2，逐年的维护费为 100 元/年，库房使用寿命期为 50 年。

2. 作业场地费 C_{OF2}

作业场地费 C_{OF2} 的构成主要包括作业场地的建设费和作业场地逐年维护费两部分。在计算作业场地费时，通常可根据作业场地的使用寿命以及复杂特殊产品的使用年限，进行分摊计算。其计算方法如式（8-11）所示：

$$C_{OF2} = \left(\frac{作业场地建设费}{作业场地使用寿命} + 逐年维护费\right) \times K_A \qquad (8-11)$$

作为基本使用单位，通常有 2 个作业场地，其一为教练作业场地，建设费为 80 万~100 万元；其二为实践预习场地，建设费为 30 万元，两块场地的使用寿命均为 50 年。其中的逐年维护费计入了单个产品维修费，所以此处的逐年维护费以零计算。

3. 驾驶场地费 C_{OF3}

驾驶场地费 C_{OF3} 的构成主要包括驾驶场地的建设费和驾驶场地逐年维护费两部分。在计算驾驶场地费用时，通常可根据驾驶场地的使用寿命以及复杂特殊产品的使用年限，进行分摊计算。其计算方法如式（8－12）所示：

$$C_{OF3} = \left(\frac{驾驶场地建设费}{驾驶场地使用寿命} + 逐年维护费 \right) \times K_A \qquad (8-12)$$

通常每个基本使用单位有两个驾驶场地，其一为主产品类复杂特殊产品驾驶场地，建设费为 30 万元；其二为配套类复杂特殊产品驾驶场地，建设费也为 30 万元，驾驶场地使用寿命为 50 年。其中驾驶场地的逐年维护费计入了单装维修费，在此处以零计算。

4. 训练场地费 C_{OF4}

训练场地费 C_{OF4} 的构成主要包括训练场地的建设费和训练场地逐年维护费两部分。在计算训练场地费用时，通常可根据训练场地的使用寿命以及产品的使用年限，进行分摊计算。其计算方法如式（8－13）所示：

$$C_{OF4} = \left(\frac{场地建设费}{场地使用寿命} + 逐年维护费 \right) \times K_A \qquad (8-13)$$

通常每个基本使用单位有一个训练场地，其建设费为 50 万元，场地的使用寿命为 50 年，逐年维护费计入了单个产品的维修费，在此处以零计算。

5. 实地作业场地费 C_{OF5}

实地作业场地费 C_{OF5} 的构成主要包括实地作业场地的建设费和实地作业场地逐年维护费两部分。其计算方法如式（8－14）所示：

$$C_{OF5} = \left(\frac{实地作业场地建设费}{实地作业场地设计寿命} + 逐年维护费 \right) \times K_A \qquad (8-14)$$

作为较大的产品使用单位有 1 个实地作业场地，其建设费为 150 万元，逐年维护费为 2 万元，实地作业场地的使用寿命为 50 年。

6. 营房费 C_{OF6}

营房费 C_{OF6} 的构成主要包括营房的建设费和营房逐年维护费两部分。在计算营房费用时，通常可根据营房的使用寿命，进行分摊计算。其计算方法如式（8-15）所示：

$$C_{OF6} = \left(\frac{营房建筑面积 \times 单位面积建设费}{营房使用寿命} + 逐年维护费 \right) \times K_A$$

$$(8-15)$$

最基本产品使用单位的营房建筑面积通常为 1300m^2，单位面积建设费为 650 元/m^2，逐年维护费为 1.7 元/m^2。

8.1.4　使用保障设备费 C_{OE}

使用保障设备 C_{OE} 主要以实物的形式按照建制级别进行配发，主要使用保障设备包括：训练场地设备、作业场地设备、各种电源设备、指挥设备、驾驶椅、标靶、夜间训练设备、战术训练设备。其计算方法如式（8-16）所示：

$$C_{OE} = \frac{保障设备费}{保障设备使用寿命} \times K_A \qquad (8-16)$$

根据上述保障设备的主要构成情况，经过统计核算，保障设备费用情况为：

一代产品使用单位：60 万元；

二代产品使用单位：120 万元（与一代相比，主要增加了训练模拟器）；

增加了一个实地作业场地，保障设备费变为 150 万元；

较大单位增加 100 万元，主要用于实地作业场地的建设。

8.1.5　使用资料费 C_{OZ}

使用资料的配发与使用保障设备的配发基本相同，同样也是根据建制的级别及所使用的产品，按照相关规定进行配发。其计算方法如式（8-17）所示：

$$C_{OZ} = \left(\frac{\text{一次性配发的使用资料费}}{\text{资料使用寿命}} + \text{逐年的使用资料费} \right) \times K_A$$

$$(8-17)$$

通常产品基本使用单位一次性配发的使用资料有 20 余种教材，每种有 250 套，再加上多媒体软件等，总共合计 10 万元，而每个基层单位逐年的使用资料及计算机软件等合计为 6000 元/年。

8.1.6　使用人员培训费 C_{OT}

目前，使用人员的培训通常都在训练基地进行。受训人员要达到"三会"的要求。驾驶员的训练目标是二级驾驶水平，每人需要驾驶 17 个摩托小时，特耗品 A 平均每人 1 发，基地建设的一次性投资费基本为 1.5 亿元，每人每年培训补助费为 1000 元，基地维修也采用同使用单位一样的维修管理模式。

使用人员培训费的构成主要包括：基地建设费 C_{OT1}、培训补助费 C_{OT2}、培训油料费 C_{OT3}、培训特耗费 C_{OT4}、培训产品修理器材及管理费 C_{OT5} 和培训基地人员工资 C_{OT6} 等。

1. 基地建设费 C_{OT1}

基地建设费 C_{OT1} 应按照基地一次性建设投资费的总额，根据使用年限及每年某单位参加培训的人数进行逐年分摊。其计算方法如式（8-18）所示：

$$C_{OT1} = \frac{\text{基地一次性建设投资费}}{\text{基地使用寿命}} \times \frac{\text{某单位每年参加培训人数}}{\text{基地年培训人数}} \times K_A$$

$$(8-18)$$

基地一次性投资为 1.5 亿元，基地使用寿命为 50 年，基地每年培训人数为 1500 人。作为一个基层使用单位通常有 32 台产品，对应有 128 名人员，每年参加培训的人数为使用单位总人数的 1/3。这样，根据式（8-18）就可以计算出一个基本使用单位在其产品的寿命周期中所应分摊基地建设费的份额。

2. 培训补助费 C_{OT2}

目前，产品使用人员每年培训补助费的标准为 1000 元/人·年。根据这个补助标准，则培训补助费的计算方法如式（8-19）所示：

$$C_{OT2} = 补助标准 \times 培训人数 \times K_B \qquad (8-19)$$

式（8-19）中，

C_{OT2} 表示培训补助费（万元）；

K_B 表示人员工资累计折现指数。

人员工资累计折现指数 K_B 的确定，可以按照 2.6.4 节中介绍的方法来进行计算。当使用寿命为 50 年时，其人员工资累计折现指数 $K_B = 165.8122$。

3. 培训油料费 C_{OT3}

培训油料消耗费 C_{OT3} 的计算方法同式（8-1），受训人员每人的平均摩托小时数 10 个。

尽管驾驶员的培训要达到二级水平，即每个驾驶员要驾驶 17 个摩托小时，但是，由于其他人员驾驶摩托小时数远达不到这样的水平，所以，计算时可按照平均值，即每个受训人员的平均驾驶摩托小时数 10 个来进行计算。

4. 培训特耗费 C_{OT4}

培训特种消耗费 C_{OT4} 的计算方法同式（8-6）。特种消耗量：A 种特耗品按照每人 1 计算，B 种特耗品按照每人 25 计算，C 种特耗品按照每人 40 计算。

5. 培训基地修理费 C_{OT5}

根据目前维修管理制度，大修厂负责复杂特殊产品的基地级的大修，培训基地负责中继级和基层级两级维修工作，其相应的修理费主要包括：大修费、中修器材费、小修器材费、单装维修费、中修机构费和器材仓库业务费 6 项内容。各种修理器材的配发是根据产品的修理间隔期、使用摩托小时数及相应的器材基数标准等逐年进行的，其计算方法如式（8-20）所示。大修费、中修器材费、小修器材费、修理间隔期、单装维修费的标准分别见表 8-6、表 8-7、表 8-8 和表 8-9 所示。

表 8 - 6　典型产品的中修器材费标准（万元）

产品类型	产品 A	产品 B	产品 C	产品 D	产品 E	产品 F	产品 G
中修器材费	9.44	9.23	16.95	28.72	70.4	62.12	89.16

表 8 - 7　典型产品的小修器材费标准（万元）

产品类型	产品 A	产品 B	产品 C	产品 D	产品 E	产品 F	产品 G
小修器材费	1.3929	2.3652	2.4245	6.1968	9.8109	13.2101	37.2686

表 8 - 8　典型产品的大、中、小修间隔期

车　型	大修间隔期（摩托小时）	中修间隔期（摩托小时）	小修间隔期（摩托小时）	大、中、小修次数比
产品 A	1020	510	170	1：1：4
产品 B	1000	500	125	1：1：6
产品 C	540	270	90	1：1：4
产品 D	540	270	90	1：1：4
产品 E	1020	510	170	1：1：4
产品 F	1020	510	170	1：1：4
产品 G	1000	500	250	1：1：2
产品 H	800	400	200	1：1：2
产品 I	3600	1800	600	1：1：4

表 8 - 9　典型产品单装维修费标准表（元）

产品类型	单装费	产品类型	单装费	产品类型	单装费	产品类型	单装费
产品 A	2338	产品 E	4134	产品 I	3775	产品 M	2576
产品 B	2505	产品 F	18909	产品 J	2576	产品 N	2705
产品 C	3552	产品 G	2174	产品 K	1964	产品 O	1835
产品 D	3849	产品 H	2795	产品 L	1835	产品 P	3112

$$C_{OT5} = \left[\frac{使用摩托小时数}{大修间隔期} \times 大修费标准 \right.$$

$$+ \frac{使用摩托小时数 \times (大修间隔期 - 中修间隔期)}{大修间隔期 \times 中修间隔期} \times 中修器材费标准$$

$$+ \frac{使用摩托小时数 \times (中修间隔期 - 小修间隔期)}{中修间隔期 \times 小修间隔期} \times (小修器材费标准$$

$$\left. + 小修单装维修管理费) + 中修业务机构费 + 器材仓库业务费 \right] \times K_A$$

$$(8-20)$$

6. 培训基地人员工资与津贴费 C_{OT6}

培训基地人员工资与津贴费的计算方法如式（8-21）所示。

$$C_{OY} = \sum_{i=1}^{n} (第 i 种人员平均工资 \times 人数 \times K_B) \qquad (8-21)$$

作为产品培训基地的典型编制情况为：领导干部 300 人，年平均工资 19200 元；技术职工 700 人，年平均工资 9600 元；普通职工 200 人，年平均津贴费 1200 元。

8.1.7　使用人员训练费 C_{OX}

使用人员训练费主要用于支付使用单位训练过程中所发生的零星非制式器材、资料、水电费等，其计算方法如式（8-22）。目前，关于使用人员训练费配发标准为，每年每名人员的训练补助费为 150 元，一个基本使用单位每年训练补助费为 45 万元。

$$C_{OX} = \sum (训练费标准 \times 人数 + 单位每年训练补助费) \times K_B \quad (8-22)$$

8.1.8　使用人员行政管理费 C_{OM}

使用人员行政管理费主要是指用于使用人员的差旅探亲路费 C_{OM1}、退休费 C_{OM2}、福利费 C_{OM3}、伙食费 C_{OM4}、被装费 C_{OM5}、公杂费 C_{OM6}、特支费 C_{OM7}、水电费 C_{OM8}、取暖费 C_{OM9}、政治工作费 C_{OM10}、卫生费 C_{OM11} 和机动费 C_{OM12} 等。这 12 项费用的支出均有其相应的费用标准,其计算方法基本相同,使用人员行政管理费的计算通式如式(8-23)所示。

$$C_{OM} = \sum_{i=1}^{12} C_{OMn} = \sum_{i=1}^{12} (第 i 种费用标准 \times 人数 \times K_B) \qquad (8-23)$$

在利用式（8-23）计算使用人员行政管理费中的各项费用时，使用基层单位的人员编制情况为：干部 32 人，技术人员 77 人，操作人员 66 人。

8.1.9　使用人员工资与津贴费 C_{OW}

使用人员工资与津贴费还可以细分为：领导干部工资费 C_{OW1}、技术人员工资费 C_{OW2} 和操作人员津贴费 C_{OW3} 三项内容。其计算方法如式（8-24）所示。

$$C_{OW} = \sum_{i=1}^{3} C_{OW_i} = \sum_{i=1}^{3} (第 i 种人员的工资与津贴费标准 \times 人数 \times K_B)$$

$$(8-24)$$

8.2　维修费的工程估算及模型

维修费 C_M 的构成主要包括大修费 C_{MD}、维修器材及管理费 C_{MQ}、维修设备及产品费 C_{ME}、维修设施费 C_{MF}、维修人员培训费 C_{MT}、维修资料费 C_{MZ}、维修人员行政管理费 C_{MM}、维修人员工资与津贴费 C_{MW} 和维修运输费 C_{MS} 等内容。

8.2.1　大修费

大修费 C_{MD} 是在基地级维修中所发生的费用，其费用的构成、计算方法和产品价格构成一致。在大修费中，产品大修中发生的材料费和修理基地维修人员的工资是大修费的主体部分。复杂特殊产品的大修是由专门工厂承担的，而大修费用标准是由国家主管部门统一规定的，具体大修费标准见表 8-10，并根据该表中的数据可建立如式（8-25）所示的大修费和采购价格的费用模型。

$$C_{MD} = 0.3554C_P - 5.206 \qquad (8-25)$$

式（8－25）中，

C_{MD} 表示大修费（万元）；

C_P 表示产品采购价格（万元）。

表 8－10　典型特殊产品的大修费和采购价格（折到基准年）（万元）

产品类型	特殊产品 A	特殊产品 B	特殊产品 C	特殊产品 D	特殊产品 E	特殊产品 F	特殊产品 G	特殊产品 H
大修费	15.14	18.15	19.2	27.2	24	60	60	137
采购价格	55.6	64.6	82.83	72	189	209	131.44	375

8.2.2　维修器材及管理费

维修器材及管理费 C_{MQ} 是产品使用单位的小修器材费 C_{MQ1}、中修器材费 C_{MQ2}、单装维修费 C_{MQ3}、中修修理机构费 C_{MQ4} 和器材仓库业务费 C_{MQ5} 等内容。

1. 小修器材费 C_{MQ1}

根据通用产品保障规定，每种产品均有对应的小修器材配备标准，其对应的费用标准如表 8－11 所示。

表 8－11　几种产品小修器材费与采购价格（折算到 2000 年，万元）

车型	特殊产品 A	特殊产品 B	特殊产品 C	特殊产品 D	特殊产品 E	特殊产品 F	特殊产品 G
小修器材费	1.3929	2.3652	2.4245	6.1968	9.8109	13.2101	37.2686
采购价格	55.6	64.6	72	131.44	375	209	585.12

因此，在求小修器材费时，关键在于确定出需要进行小修的产品数量，其计算方法如式（8－26）所示。

$$C_{MQ1} = 小修器材费标准 \times n_x \times K_A = 小修器材费标准 \times \frac{T_0(T_2 - T_3)}{T_2 \times T_3} \times K_A$$

$$(8-26)$$

式（8 – 26）中，

C_{MQ1} 表示小修器材费(万元)；

n_X 表示小修次数；

T_0 表示每台产品每年使用的平均摩托小时数,通常可取 T_0 = 40 摩托小时；

T_2 表示产品的中修间隔期；

T_3 表示产品的小修间隔期；

K_A 表示产品物价累计折现指数。

关于小修次数 n_X、中修次数 n_Z 和大修次数 n_D 的计算方法，在前节中已经研究过。同样，为了便于从采购价格直接估算出小修器材费。根据表 8 – 11 中的数据可建立如式（8 – 27）所示的小修器材费与复杂特殊产品采购价格的预算模型。

$$C_{MQ1} = 0.07533C_P - 2.898 \tag{8 – 27}$$

式（8 – 27）中，

C_{MQ1} 表示小修器材费（万元）；

C_P 表示产品采购价格（万元）。

2. 中修器材费 C_{MQ2}

根据通用产品保障规定，每种产品均有对应的中修器材配备标准，其对应的费用标准如表 8 – 12 所示，

表 8 – 12　几种车型的中修器材费与采购价格情况（折算到基准年，万元）

产品类型	特殊产品 A	特殊产品 B	特殊产品 C	特殊产品 D	特殊产品 E	特殊产品 F	特殊产品 G
中修器材费	9.44	9.23	16.95	28.72	70.4	62.12	89.16
采购价格	55.6	64.6	72	131.44	375	209	585.12

中修器材费对应的计算方法如式（8 – 28）所示，

$$\begin{aligned} C_{MQ2} &= 中修器材费标准 \times n_Z \times K_A \\ &= 中修器材费标准 \times \frac{T_0 \times (T_3 - T_2)}{T_2 \times T_3} \times K_A \end{aligned} \tag{8 – 28}$$

式（8-28）中，

C_{MQ2} 表示中修器材费(万元)；

n_Z 表示中修次数；

T_0 表示每台车每年动用的摩托小时数,通常可取 $T_0 = 40$ 摩托小时；

T_3 表示大修间隔期；

T_2 表示中修间隔期；

K_A 表示产品物价累计折现指数。

根据表8-12中的数据建立了如式（8-29）所示的中修器材费与产品采购价格的预算模型。

$$C_{MQ2} = 0.6849 C_P^{0.773} \qquad (8-29)$$

式（8-29）中，C_{MM2} 表示中修器材费（万元）；C_P 表示采购价格（万元）。

3. 单装维修费 C_{MQ3}

单装维修费 C_{MQ} 主要用于产品的小修、检修、保养所需消耗材料及小型设备、仪器、工具的购置，维修设备、仪器、工具的维护修理，车场设施、设备维护、业务水（电）、取暖、差旅，专用消防设备、劳保用品的购置，修理分队技术训练及技术革新等。根据产品类型的不同，单装维修费的计领标准见表8-9。其计算方法如式（8-30）所示：

$$C_{MQ3} = 单装维修费标准 \times 装备数量 \times K_A \qquad (8-30)$$

4. 中修修理机构费 C_{MQ4}

中修修理机构费 C_{MQ4} 主要用于承担复杂特殊产品中修任务的在编修理机构修理设备、仪器的维护修理，工、卡、量、刃具的购置与维修，修理用消耗性材料及小型修理设备、仪器工具的购置，业务水（电）、取暖、环保、差旅，维修技术革新、技术轮训和业务杂支等。其配发标准为40万元/年。

5. 器材仓库业务费 C_{MQ5}

用于专用设备的维护修理和小型专用设备、仪器的购置，器材的保管、包装、搬运、检验、清洁，业务水（电）、取暖、环保、差旅，在职业务培训、业务资料购置、印刷，劳保用品购置及业务杂支。器材仓库业

务费 C_{MQ5} 对应的执行标准为 56000 元／年。

8.2.3　维修设备及产品费 C_{ME}

维修设备及产品费 C_{ME} 主要由小修设备费 C_{ME1}、中修设备费 C_{ME2}、小修保障产品费 CM_{SE3} 和中修保障产品费 C_{ME4} 组成。

1. 小修设备费 C_{ME1}

小修设备费 C_{ME1} 通常可分成 5 类，即通用设备和机具费、专用修理工具费、专用修理设备及工艺装置费、常用五金工具费和检测设备费。其中前 4 项费用的配备标准为 419 万元，而第 5 项检测设备费见表 8 – 13。

表 8 – 13　小修设备中检测设备费情况（万元）

产品型号	检测设备费用	产品型号	检测设备费用	产品型号	检测设备费用
产品 A	55	产品 F	81.46	产品 K	43.1
产品 B	40.78	产品 G	62	产品 L	106.8
产品 C	68.9	产品 H	54.84	产品 M	117.62
产品 D	51.08	产品 I	85.17		
产品 E	51.08	产品 J	38.36		

2. 中修设备费 C_{ME2}

中修设备费 C_{ME2} 也包括通用设备和机具费、专用修理工具费、专用修理设备及工艺装置费、常用五金工具费和检测设备费 5 项，其中前 4 项费用的配备标准为 653.2 万元，而第 5 项检测设备费可通过查阅表 8 – 14 而获得。

3. 小修保障产品费 C_{ME3}

修理单位的保障设备通常有牵引车、抢修车、器材供给车和修理工程车等。这些设备计 1420 万元。

表 8 – 14 中修设备中检测设备费情况（万元）

产品型号	检测设备费用	产品型号	检测设备费用	产品型号	检测设备费用
产品 A	67.93	产品 F	126.52	产品 K	65.04
产品 B	52.16	产品 G	64.96	产品 L	191.15
产品 C	112.58	产品 H	79.01	产品 M	219.39
产品 D	63.59	产品 I	164.89		
产品 E	63.59	产品 J	49.49		

4. 中修保障装备费 C_{ME4}

中修保障设备通常有：抢救牵引车、拆装修理工程车、运输车。这些设备的总价约为 3100 万元。

8.2.4　维修设施费 C_{MF}

维修设施费主要包括小修设施费 C_{MF1} 和中修设施费 C_{MF2}。小修设施和中修设施有相应的配备标准。小修设施费 C_{MF1} 的配发标准为 700 万元；中修设施费 C_{MF2} 的配发标准为 2000 万元。

8.2.5　维修资料费

维修资料费 C_{MZ} 主要包括基层修理单位的资料费和中级修理单位的资料费两方面内容，计算方法如式（8 – 17）所示。中级修理单位第一次配齐维修资料需要 10 万元，每年还需 6000 元。基层修理单位第一次配齐维修资料需要 3 万元，每年还需 2000 元。

8.2.6　维修人员培训费

维修人员培训费主要包括基地建设费、基地培训补助费、基地人员工资及津贴费。维修培训基地建设的一次性投资费为 5000 万元，使用寿命期为 50 年，培训人数每年 250 人。中级修理单位修理工为 336 人，基层修理单位修理工 137 人，每年培训的人数为总人数的 1/3，具体计算方法同式

（8 – 18）。基地培训补助费的来源为两部分。第一，按照培训人数，每人每年培训补助费为 2000 元；第二，每年直接拨给维修培训基地的单位培训补助费 19 万元。基地人员工资及津贴费，每年培训修理工的人数为总人数的 1/3。

8.2.7　维修运输费 C_{MS}

维修运输费 C_{MS} 是基层修理单位和中级修理单位在产品维修过程中所发生的运输费用。中级修理单位每年汽车运输费合计 9 万元。基层修理单位每年汽车运输费合计 0.6 万元。

8.2.8　维修人员行政管理费和工资津贴费

维修人员行政管理费和工资津贴费按式（8 – 23）计算。维修人员行政管理费主要包括差旅探亲路费、退休费、福利费、伙食费、被装费、公杂费、部门业务费、水电费、取暖费、政治工作费、卫生费和训练费。维修人员工资津贴费包括：管理人员工资费、技术人员工资费和操作人员津贴费。

8.3　报废处置费模型

在本项目中，由于对产品报废处置过程中发生的费用不甚了解，因此在计算时设定处置费 C_{DR2} 的取值为零。根据 LCC 的基本原则，在产品技术领域中，可建立如式（8 – 31）所示的报废处置费模型。

$$C_{DR1} = 15\% C_p \qquad\qquad (8 – 31)$$

式（8 – 31）中，

C_{DR1} 表示报废处置费（万元）；

C_p 表示采购价格（万元）。

8.4　本章小结

本章研究了复杂特殊产品使用保障费的工程算法和估算模型，主要分为使用费和维修费，由于报废处置费的内容较少，不便单独成章，仅作为一节进行了简单介绍。

首先，对构成复杂特殊产品使用费的油料消耗费、特殊消耗费、使用保障设施费、使用保障设备费、使用资料费、使用人员培训费、使用人员训练费、使用人员行政管理费和使用人员工资与津贴费等分别进行建模或工程算法的说明。复杂特殊产品使用费用模型可以简单表示为：

$$C_o = C_{oy} + C_{od} + C_{of} + C_{oe} + C_{oz} + C_{ot} + C_{ox} + C_{om} + C_{or}$$

其次，对构成复杂特殊产品的维修大修费、维修器材及管理费、维修设备及装备费、维修设施费、维修人员培训费、维修资料费$_z$、维修人员行政管理费、维修人员工资与津贴费 C_{MW} 和维修运输费 C_{MS} 等分别进行了建模或工程算法的说明。因此复杂特殊产品维修费用模型可以简单表示为：

$$C_m = C_{md} + C_{mq} + C_{me} + C_{mf} + C_{mt} + C_{mz} + C_{mm} + C_{mw} + C_{ms}$$

最后，简单介绍了复杂特殊产品报废处置费的模型为：$C_{DR1} = 15\% C_p$

通过以上 7 章的研究，已完成了复杂特殊产品的论证研制、采购、使用维护和报废处置等 4 个阶段寿命周期费用的分析和建模，因此，可以得到复杂特殊产品 LCC 的费用模型为：

$$C_T = C_{RD} + C_{PI} + C_{OS} + C_{DR}$$

第9章 某复杂特殊产品寿命周期费用 预测实证研究

通过前面各章的研究，已经建立了复杂特殊产品寿命周期各个阶段的费用预测模型或工程估算方法。本章以 A 型产品为例来详细说明复杂特殊产品寿命期内各部分的费用构成情况。使用前面各章建立的论证费、研制费及采购费的数学模型来计算 A 型产品的相应费用。对 A 型产品的使用与保障费，首先使用由第 7 章中确定的产品使用年限 50 年来进行计算。然后，将产品使用年限设为不确定性因素，从 25 年到 70 年每隔 5 年计算一次产品的使用与保障费，进而得到使用年限的变化对产品寿命周期费用的影响规律。

9.1 单台 A 型产品寿命周期费用预算

A 型产品的寿命周期费用是由论证与研制费、采购费、使用与保障费用和报废处置费四个部分组成的。下面分别对这四个费用单元进行计算。

9.1.1 A 型产品研制费

从发展模式上看，A 型产品是全新研制的型号。因此，可根据前章研究得出的计算 A 型产品的研制费模型进行计算，此模型在本章表示为式 $(9-1)$。

$$C_D = 5.8063 \times 10^{-8} W^{-1.0549} D_F^{2.49} D^{2.5421} V_y^{0.46449} F_B^{-0.71687} F_y^{-0.34507} F_S^{0.14038} \quad (9-1)$$

将 A 型产品的产品全重、口径、发动机功率、平均公路速度、稳定精度、行进间稳定精度和夜视距离参数列于表 9-1 中。

表 9 – 1　用于计算 A 型产品研制费的性能参数

车　型	产品全重 W	产品口径 D_F	发动机功率 D	平均公路速度 V_y	稳定精度 F_B	行进间稳定精度 F_y	夜视距离 F_S
A 型产品	50	125	882	45	1	0.15	2000

将表 9 – 1 中的数据分别带入式（9 – 1）进行计算，得到 A 型产品的研制费用结果为：

$$C_D = 157124.206 \text{ 万元}$$

该计算结果与实际收集到的 A 型产品研制费（156759.18 万元）相差 365.026 万元，误差率约为 0.23%。由此可见，利用研制费预算模型估算的 A 型产品研制费用数值是可以接受的。

9.1.2　A 型产品论证费

论证费用包括论证专项费和论证工资费两部分内容，首先计算论证专项费，然后再计算论证工资费。

（1）论证专项费

A 型产品研制费可根据前章研究得出的预算模型进行计算，这里将此模型表示为式（9 – 2）。

$$C_{RZ} = \frac{1.773 \times 10^5 \cdot C_D^{-1.58} + 0.1677}{100} \cdot C_D \qquad (9-2)$$

将由研制费模型估算的 A 型产品研制费为 157124.206 万元代入式（9 –2），可得 A 型产品的论证专项费为：

$$C_{RZ} = 265.215 \text{ 万元}$$

（2）论证工资费

A 型产品的论证阶段自 1975 年开始，到 1999 年完成，前后共有 440 人参加，各年的参加人数参见表 9 – 2。利用第 4 章研究得出的预算模型可以求出各年份的个人年工资。该模型在本章表示为式（9 – 3）。

$$C_{gz} = 2962 \cdot \left(\frac{t - 1987}{7.36} \right)^2 + 4688 \cdot \frac{t - 1987}{7.36} + 2050 \qquad (9-3)$$

计算得到的具体数值如表 9 - 2 所示。

表 9 - 2　A 型产品论证期间各年份的个人年工资（元）

年份	项目人数	年工资	年份	项目人数	年工资	年份	项目人数	年工资
1975	3	2280	1984	29	631	1993	28	7840
1976	3	1660	1985	29	995	1994	29	9188
1977	3	1148	1986	18	1468	1995	26	10645
1978	3	746	1987	18	2030	1996	24	12212
1979	3	454	1988	18	2742	1997	26	13888
1980	2	271	1989	19	3543	1998	24	15673
1981	12	197	1990	19	4453	1999	26	17567
1982	15	232	1991	24	5473	—	—	—
1983	15	377	1992	24	6602	—	—	—

所以，A 型产品的论证工资费为：

$$C_{RW} = \frac{2881915}{2.5 \times 10000} = 115.277 \text{（万元）}$$

最后，通过模型计算得到的 A 型产品的论证费用为：

$$265.215 + 115.277 = 380.492 \text{（万元）}。$$

9.1.3　采购费

A 型产品的采购价格可通过式（7 - 3）、式（7 - 7）、式（7 - 11）、式（7 - 14）、式（7 - 18）、式（7 - 22）、式（7 - 25）、式（7 - 28）和式（7 - 31）计算出的各部分价格进行累加得到。各式在本章表示为式（9 - 4）、式（9 - 5）、式（9 - 6）、式（9 - 7）、式（9 - 8）、式（9 - 9）、式（9 - 10）、式（9 - 11）和式（9 - 12）。

$$C_{FZ} = 1.002 \times 10^{-6} \cdot D^{2.833} \tag{9 - 4}$$

$$C_{CX} = 6.3299 \times 10^{-8} \cdot D^{3.6416} v_y^{-0.5409} \tag{9 - 5}$$

$$C_{CT} = 1.344 \cdot W^2 - 102.3 \cdot W + 1983 \tag{9 - 6}$$

$$C_{DT} = 0.0012 \cdot G_l^{0.9809} J_l^{2.1974} \qquad (9-7)$$

$$C_{HP} = -6.96 \times 10^{13} \cdot D_F^{-5.771} + 232.7 \qquad (9-8)$$

$$C_{PT} = 19.04 \cdot W_p^2 - 431.7 \cdot W_p + 2464 \qquad (9-9)$$

$$C_{SY} = 4.99 k_{SY} \qquad (9-10)$$

$$C_{HG} = 2.8644 \times 10^{-4} \cdot F_y^{-0.3263} F_B^{-0.3264} F_s^{1.7856} \qquad (9-11)$$

$$C_{QB} = 6.11 \cdot k_{QB} \qquad (9-12)$$

将 A 型产品的发动机功率、平均公路速度、产品全重、发电机功率、通信距离、产品口径、特殊装置重量、三防灭火经验系数、行进间稳定精度、作业设备稳定精度、夜视距离和潜渡排水经验系数的具体数值列于表 9-3 中。

表 9-3　计算 A 型产品采购价格的参数数值

参数名称	发动机功率 D	平均功率速度 Vy	产品全重 W	发电机功率 Gl	通信距离 Jl	产品口径 DF	特装重量 Wp	三防灭火系数 kG	稳定精度 Fy	作装稳定精度 FB	夜视距离 Fs	潜渡排水系数 kq
参数数值	882	45	50	18	35	125	14.1	9.18	0.15	1	2000	9.7

把表 9-3 中的数据分别代入以上各式中，得到 A 型产品的采购费用为：

$$C_P = C_{FZ} + C_{CX} + C_{CT} + C_{DT} + C_{HP} + C_{PT} + C_{SY} + C_{HG} + C_{QB} = 1791.539$$

（万元）

该计算结果与 A 型产品的实际采购价格 1696 万元相差 95.539 万元，误差率约为 5.6%。从误差率来看，利用模型估算的 A 型产品采购价格是可以接受的。

根据前章的研究结果，单台 A 型产品的初始保障费由初始备件费、初始保障设备费、初始保障设施费、技术资料费、初始培训费和初始包装储存运输费组成。进行求解后，各组成部分的费用值参见表 9-4。

表9 – 4　单台 A 型产品初始保障费各组成部分费用值（万元）

初始备件费	初始保障设备费	初始保障设施费	技术资料费	初始培训费	初始包装储运费
124. 86	35. 831	忽略不计	0. 103	0. 1	忽略不计

通过表 9 – 4 可得单台 A 型产品的初始保障费为 160. 894 万元。

综上所述，单台 A 型产品的采购费用为 1791. 539 + 160. 894 = 1952. 433 万元。

9.1.4　使用与保障费及报废处置费

A 型产品的使用保障费与报废处置费按第 7 章所述方法计算，将计算所得结果直接列于表 9 – 5 中。

9.1.5　单台 A 型产品的寿命周期费用

通过模型计算的论证费和研制费是在研制该型号产品时发生的，而不是单台产品发生的费用。为了知道单台产品分摊的论证费和研制费有多少，就必须知道该产品在使用单位的数量。为此，向有关专家进行了咨询，专家认为 A 型产品投入使用 300 台较为合适。因此，A 型产品单台产品上发生的论证费和研制费为：

$$C_{RA} = \frac{C_R}{300} = \frac{380.492}{300} = 1.268 \text{ 万元/台}$$

$$C_{DA} = \frac{C_D}{300} = \frac{157124.206}{300} = 523.747 \text{ 万元/台}$$

其中：

C_{RA} 表示单台产品发生的论证费（万元）；

C_{DA} 表示单台产品发生的研制费（万元）。

将 A 型产品单台产品在 50 年寿命周期内各部分费用单元的费用全部列于表 9 – 5 中。

综上所述，单台 A 型产品的 50 年寿命周期费用为：

$C_T = 1.268 + 523.747 + 1791.539 + 160.893 + 6714.815 - 18.48 = 9173.782$（万元）

表 9-5　单台 A 型产品 50 年使用期的费用预算（基准年为 2000 年）（万元）

费用类别	费用	费用类别	费用	费用类别	费用
论证研费	0.321	初始保障费合计	160.893	卫生费	9.949
论证管理费	0.563	管理人员工资	318.360	机动费	3.316
论证工资费	0.384	技术人员工资	383.026	使用保障设备费	1.744
论证费合计	1.268	操作人员津贴	41.453	使用资料费	1.812
设计费	40.962	使用人员工资及津贴小计	742.839	特殊消耗费	331.383
材料费	123.688	基地建设费	15.812	油料消耗费	85.083
外协费	63.494	培训补助费	23.214	维修人员工资及津贴	277.072
专用费	63.588	培训油料费	26.166	维修人员培训费	210.911
试验费	74.571	培训特耗费	45.749	维修设施费	12.943
固定资产使用费	24.464	培训产品修理器材及管理费	216.308	维修设备费	30.893
工资费	43.319	培训基地人员工资	197.814	维修人员军需行政管理费	465.435
管理费	37.287	使用人员培训费合计	525.063	伙食费	125.022
研制收益费	26.187	人员训练补助费	3.376	被装费	1.658
不可预见费	26.187	单位训练补助费	26.11	工杂费	0.663

续表

费用类别	费用	费用类别	费用	费用类别	费用
研制费用合计	523.747	使用人员训练费合计	29.486	特支费	8.788
直接材料费	1143.343	库房费	5.346	水电费	4.974
燃料动力费	53.917	实地作业场费	1.519	取暖费	11.607
工资及福利	65.690	驾驶场费	0.338	政治工作费	3.316
专用费	21.328	训练场费	0.563	卫生费	3.648
废品损失费	6.484	作业场费	0.957	训练费	4.974
制造费	130.526	营房建设和维护费	2.982	小修器材费	1102.136
期间费	284.94	使用保障设施费合计	11.704	中修器材费	473.919
管理费	233.583	旅差探亲路费	28.188	保养修复器材费	106.353
财务费	51.357	退休费	500.753	中修业务机构费	6.190
利润	85.311	福利费	3.316	器材仓库业务费	0.113
采购费用合计	1791.539	伙食费	311.727	维修器材及管理费	1688.711
初始备件费	124.86	被装费	33.163	大修费	1318.669
初始保障设备费	35.83	工杂费	1.658	维修资料费	0.056

续表

费用类别	费用	费用类别	费用	费用类别	费用
初始保障设施费	—	特支费	8.788	维修运输费	36.014
技术资料费	0.103	水电费	11.607	使用保障费合计	6714.815
初始培训费	0.1	取暖费	14.923	报废处置费	-18.48
初始包装储运费	—	政治工作费	18.239	寿命周期费用	9173.782

9.1.6 单台A型产品的寿命周期费用分析

其论证与研究费、采购价格、使用与保障费和退役处置费占寿命周期费用中的比例见表9-6，对A型产品从25年到70年每隔5年计算一次其寿命周期费用。具体值参见表9-7，其寿命周期曲线参见图9-2。

表9-6　A型产品寿命周期各阶段费用同寿命周期费用的比值（%）

论证与研制费	采购费	使用与保障费	退役处置费
5.72	21.28	73.2	-0.2

将表9-5中费用比例绘制成如图9-1所示的条形图。

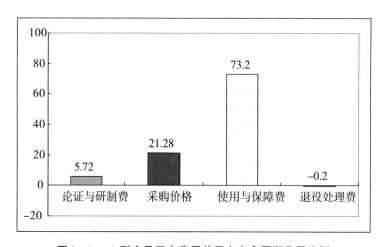

图9-1　A型产品四大费用单元占寿命周期费用比例

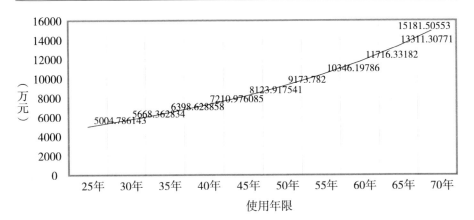

图 9 - 2　A 型产品单台装备寿命周期费用随使用年限的变化情况

表 9 - 7　A 型产品在不同使用年限下的寿命周期费用预算表（万元）

类　别	25 年	30 年	35 年	40 年	45 年	50 年	55 年	60 年	65 年	70 年
寿命周期费用	5004.8	5668.4	6398.6	7211	8123.9	9173.9	10346	11716	13311	15182
论证与研制费	525.02	525.02	525.02	525.02	525.02	525.02	525.02	525.02	525.02	525.02
论证费	1.268	1.268	1.268	1.268	1.268	1.268	1.268	1.268	1.268	1.268
研制费	523.75	523.75	523.75	523.75	523.75	523.75	523.75	523.75	523.75	523.8
采购费	1952.4	1952.4	1952.4	1952.4	1952.4	1952.4	1952.4	1952.4	1952.4	1952.4
采购价格	1791.5	1791.5	1791.5	1791.5	1791.5	1791.5	1791.5	1791.5	1791.5	1791.5
初始保障费	160.9	160.89	160.89	160.89	160.89	160.89	160.89	160.89	160.89	160.89
使用与保障费	2597.8	3244.8	3962.4	4765.1	5670.6	6714.1	7882.9	9249.7	10842.	12710
使用费	868.18	1120.3	1415.3	1763.0	2175.1	2674.1	3254.4	3961.6	4815.2	5848.6
使用人员工资及津贴	193.28	262.55	347.91	453.09	582.71	742.42	939.24	1181.8	1480.6	1848.9
使用人员培训费	208.02	257.91	313.30	375.31	445.32	525.04	616.58	722.51	846.02	991.02
使用人员训练费	13.871	16.847	19.895	23.015	26.210	29.482	32.831	36.261	39.773	43.369
使用保障设施费	10.534	10.752	10.973	11.199	11.429	11.664	11.904	12.148	12.397	12.651
使用人员行政管理费	244.25	331.9	439.66	572.58	736.38	938.22	1186.9	1493.4	1871.1	2336.5
使用保障设备费	1.663	1.683	1.704	1.725	1.746	1.767	1.789	1.812	1.834	1.857
使用资料费	0.606	0.713	0.824	0.937	1.053	1.171	1.292	1.417	1.544	1.674
特殊消耗费	155.92	189.37	223.63	258.71	294.62	331.40	369.05	407.61	447.09	487.51
油料消耗费	40.04	48.64	57.43	66.44	75.67	85.11	94.78	104.68	114.82	125.20
维修费	1729.6	2124.6	2547.1	3002.1	3495.5	4040.7	4628.5	5288.1	6027.0	6861.8
维修人员工资及津贴	72.13	97.98	129.84	169.09	217.46	277.07	350.51	441.02	552.55	689.98
维修人员培训费	65.17	83.51	106.08	133.84	168.01	210.08	261.87	325.66	404.22	500.98
维修设施费	11.76	11.91	12.05	12.20	12.35	12.50	12.65	12.81	12.97	13.13

续表

类　别	25 年	30 年	35 年	40 年	45 年	50 年	55 年	60 年	65 年	70 年
维修设备及产品费	28.70	29.05	29.41	29.77	30.13	30.50	30.88	31.27	31.66	32.05
维修人员行政管理费	120.12	163.17	216.22	281.60	362.15	461.42	583.74	734.47	920.20	1149.1
维修器材及管理费	794.42	964.89	1139.4	1318.2	1501.2	1688.5	1880.4	2076.8	2278.0	2483.9
大修费	620.4	753.53	889.84	1029.4	1172.3	1318.7	1468.5	1621.9	1779.0	1939.8
维修资料费	0.054	0.055	0.056	0.056	0.057	0.058	0.059	0.059	0.060	0.061
维修运输费	16.864	20.483	24.188	27.982	31.867	35.844	39.917	44.087	48.357	52.729
报废处置费	-70.47	-53.92	-41.26	-31.57	-24.15	-18.48	-14.14	-10.82	-8.277	-6.333

9.2　编成内全部 A 型产品寿命周期费用预测

通过上节的论述与分析，对 A 型产品单台产品不同年限的寿命周期费用有了详细具体的了解。下面以成编制的 A 型产品为研究对象，进行寿命周期费用预测。根据目前的采购批量和进度，A 型产品的年采购批量为 30 台，所以，300 台 A 型产品投入使用需要 10 年时间，即从 2000 年到 2009 年。对 A 型产品进行寿命周期费用分析的具体结果见表 9-8 与图 9-3、图 9-4、图 9-5、图 9-6 和图 9-7。

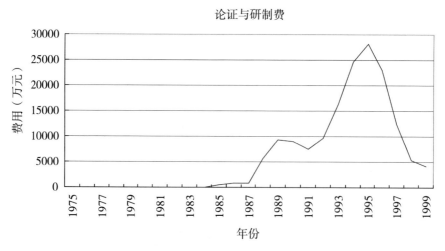

图 9-3　成编制 A 型产品论证与研制费随年限变化的曲线

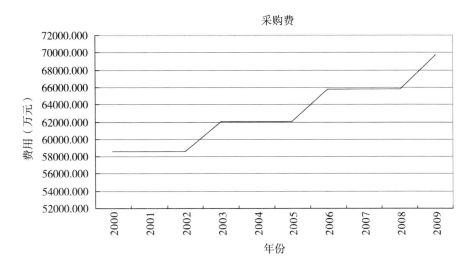

图 9 - 4　成编制的 A 型产品采购费随年份变化的曲线

表 9 - 8　成编制的 A 型产品寿命周期费用预算（万元）

年份	论证与研制费	年份	论证与研制费	年份	采购费
1975	0. 457	1988	5677. 566	2000	58572. 990
1976	0. 767	1989	9252. 587	2001	58572. 990
1977	1. 256	1990	8933. 338	2002	58572. 990
1978	0. 841	1991	7582. 781	2003	62087. 369
1979	0. 761	1992	9610. 503	2004	62087. 369
1980	1. 161	1993	16399. 448	2005	62087. 369
1981	6. 088	1994	24622. 423	2006	65812. 612
1982	7. 621	1995	28156. 748	2007	65812. 612
1983	9. 132	1996	23073. 056	2008	65812. 612
1984	13. 228	1997	12374. 092	2009	69761. 368
1985	523. 440	1998	5334. 054	—	—
1986	887. 477	1999	4219. 236	—	—
1987	816. 649	—	—	—	—

续表

年份	使用与保障费	年份	使用与保障费	年份	使用与保障费	报废处置费
1999	629180. 281	2021	71040. 367	2042	393356. 267	—
2001	1595. 778	2022	76821. 029	2043	428192. 996	—
2002	3428. 185	2023	83100. 354	2044	466243. 464	—
2003	5525. 287	2024	89923. 446	2045	507812. 850	—
2004	7918. 300	2025	97339. 629	2046	553235. 876	—
2005	10641. 936	2026	105402. 862	2047	602879. 709	—
2006	13734. 790	2027	114172. 174	2048	657147. 140	—
2007	17239. 775	2028	123712. 159	2049	716480. 082	—
2008	21204. 596	2029	134093. 508	2050	781363. 412	—
2009	25682. 283	2030	145393. 600	2051	852329. 194	—
2010	30731. 780	2031	157697. 146	2052	836965. 189	− 8785. 949
2011	33107. 820	2032	171096. 897	2053	811920. 490	− 8785. 949
2012	35679. 637	2033	185694. 426	2054	775495. 296	− 8785. 949
2013	38464. 297	2034	201600. 978	2055	725749. 680	− 9313. 105
2014	41480. 424	2035	218938. 412	2056	660472. 627	− 9313. 105
2015	44748. 347	2036	237840. 229	2057	577147. 282	− 9313. 105
2016	48290. 255	2037	258452. 707	2058	472911. 947	− 9871. 892
2017	52130. 377	2038	280936. 140	2059	344516. 338	− 9871. 892
2018	56295. 178	2039	305466. 206	2060	188272. 535	− 9871. 892
2019	60813. 565	2040	332235. 465	2061	—	− 10464. 205
2020	65717. 122	2041	361455. 009	—	—	

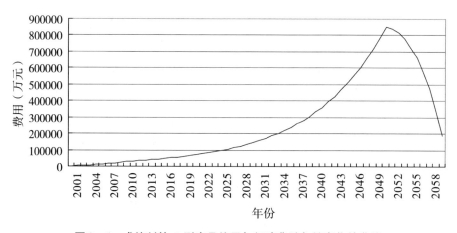

图 9 − 5　成编制的 A 型产品使用与保障费随年份变化的曲线

年份

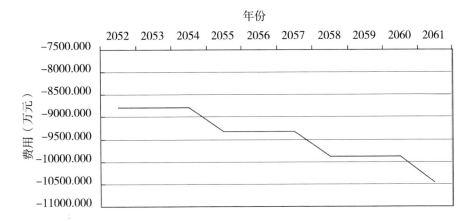

图 9 - 6　成编制的 A 型产品报废处置费随年份变化的曲线

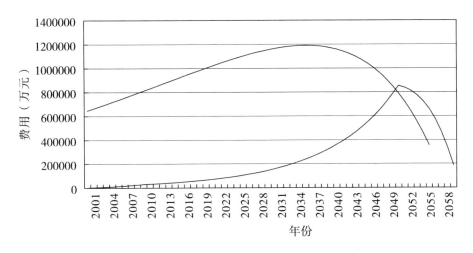

图 9 - 7　确定 A 型产品最佳经济寿命期的曲线

9.3　本章小节

　　本章在对 A 型复杂特殊产品寿命周期费用的分析和预测过程中，完全运用论证研制阶段、装备采购阶段、使用与保障阶段和报废处置阶段等各阶段的费用模型进行预算，并与现已发生的费用进行对比，以验证模型的有效性。用模型计算得出 A 型产品的研制费为 157124.206 万元，与实际收集到的 A 型产品研制费 156759.18 万元相差 365.026 万元，误差率约为 0.23%。因此可见，所建立的复杂特殊产品研制费预算模型是可以接受的。用模型得出 A 型产品的采购价为 1791.539 万元，与 A 型产品的实际采购价格 1696 万元相差 95.539 万元，误差率约为 5.6%。从误差率的结果来看，利用模型估算的 A 型坦克采购价格是可以接受的。从可验证的结果来看，所给出的模型具有较高的精度和较好的适用性。

从以上分析可以看出，从 A 型产品的各阶段比例而言，论证与研制费明显偏低，而且使用与保障费所占的比重明显偏大，尤其是维修随着复杂特殊产品复杂程度的加大，基本达到了寿命周期费用的 50%，究其根本原因则在于复杂特殊产品的可靠性问题。因此，适当加大论证与研制费的力度，提高复杂特殊产品的可靠性水平，是合理控制复杂特殊产品寿命周期费用的有效途径。

通过对单台产品使用期 25~70 年的不确定性分析，可以看出使用与保障费是逐年增长的，当使用期在 50 年左右时，其使用与保障费基本等于 25~70 年使用与保障费的均值，而且当使用期超过 50 年以后，使用与保障费上涨的幅度明显加大。因此，可以初步地确定 50 年为产品的经济使用期。

结　论

本论文以复杂特殊产品为研究对象，通过建立科学的费用结构体系，针对不同阶段的特点分别进行分析和建模，并结合典型产品进行了实证研究，最终形成了一套较为完善的复杂特殊产品寿命周期费用分析预测体系，这不仅是费用管理工程化的重要突破，也为复杂特殊产品主管部门决策提供重要依据和支撑，具有很强的现实意义。

一、本文的主要研究内容和结论

1. 在研究大量文献的基础上，对当前复杂特殊产品寿命周期费用分析、预测的国内外现状进行了比较研究，找出了我国复杂特殊产品费用控制存在的五点不足：定性分析多于定量分析，且偏重于定性分析；费用模型的建立多依赖于假设推理，缺乏扎实的数据支撑；费用数据的采集与处理方法不当，不能满足实际需要；研究对象不够具体，针对性不强，没有建立科学的费用结构体系。针对以上不足提出了改进和研究方向，确定了创新点。

2. 复杂特殊产品寿命周期费用的分析方法研究，对复杂特殊产品典型寿命周期、产品规模、生产速度进行确定和研究，给出了动、静态费用计算方法并对论证和研制费逐年分配方法进行了研究，确定了具体的研究对象，并确定了费用计算的基本条件，提出了费用建模的基本方法，给出了数据资料收集的办法，对复杂特殊产品的技术寿命进行了界定，提出了50年为复杂特殊产品的经济周期寿命。

3. 建立复杂特殊产品寿命周期费用结构体系，界定了寿命周期费用结构体系的内涵，提出了寿命周期费用结构体系建立应遵循不重不漏、便于划分、方便计算和协调一致的基本原则。在给出复杂特殊产品的硬件组成和复杂特殊产品寿命周期的阶段划分的基础上，对各阶段的项目内容进行分析和梳理。经分析梳理把复杂特殊产品寿命周期费用分为四个阶段，即，论证研制阶段、产品采购阶段、使用保障阶段和报废处置阶段，并按此思路层层深入，直到第五层或第六层。

4. 研究了复杂特殊产品研制费的分析及建模问题，在充分分析论证费用数据的基础上，提出研制费预算模型，建立了性能指标与研制费的关系，并进行了可行性分析，对科研费用的控制方法进行了研究，提出了挣值管理在复杂特殊产品研制项目费用控制上的应用方法，具有较好的实用性。通过对主产品类复杂特殊产品关键费用因子的分析，确定了产品全重、产品口径、发动机功率、平均越野速度、稳定精度、行进间稳定精度和夜视距离等 7 个影响研制费用的关键因素，通过回归和求解得出主产品类复杂特殊产品研制费预算模型为：

$$C_D = 5.8063 \times 10^{-8} W^{-1.0549} D_F^{2.49} D^{2.5421} V_y^{0.46449} F_B^{-0.71687} F_y^{-0.34507} F_S^{0.14038}$$

通过对配套类复杂特殊产品关键费用因子的分析。确定了产品全重、发动机功率、平均越野速度、产品口径和关键影响系数 5 个影响研制费用的关键因素，通过回归计算和求解得出配套类复杂特殊产品研制费用预算模型为：

$$C_D = 3.3381 \times 10^{-10} W^{2.0275} D^{3.0386} v_y^{2.1673} D_F^{0.1899} a_t$$

5. 对复杂特殊产品论证费进行分析和建模，在充分分析论证费用数据的基础上，把复杂特殊产品论证费和论证工资费分开建立了模型，为解决论证专项费收集难的问题，建立了与研究费相关的模型，最后得出了论证专项费预算模型：$C_{RZ} = \dfrac{(1.773 \times 10^5 \times C_D^{-1.58} + 0.1677)}{100} \times C_D$ 和论证工资

费模型：$C_{RW} = \dfrac{\sum\limits_{i=1}^{n} \left[2962 \left(\dfrac{t_i - 1987}{7.36} \right)^2 + 4688 \dfrac{t_i - 1987}{7.36} + 2050 \right] \times m_i}{s}$，并

进行了实例验证。

6. 对复杂特殊产品采购费进行了深入的分析并建模，在充分分析论证费用数据的基础上，提出主产品类复杂特殊产品采购费预算模型和配套类

复杂特殊产品采购费预算模型，按照分部建模、求和计算的方法求得采购费用，误差较小，便于操作。同时给出了初始保障费用工程估算法。经过分析，把主产品类复杂特殊产品共分为 9 个部分，即，发动机及辅助系统，传、行、操装置，车体，电气通信设备，作业设备，特殊装置，三防灭火抑爆和烟幕装置，观瞄系统，潜渡导航和备件等，分别建立费用模型，最终求和得到整个主产品类复杂特殊产品的预算模型为：

$$c_{pt} = 1.002 \times 10^{-6} d^{2.833} + 6.3299 \times 10^{-8} v_y^{-0.5409} + 1.344 w_{ct}^2 - 102.3 w_{ct} +$$
$$1983 + 0.0012 d_i^{0.9809} j_i^{2.1974} - 6.96 \times 10^{13} d_f^{-5.771} + 232.7 + 19.04 w_{pt}^2 - 431.7 w_{pt}$$
$$+ 2464 + 4.99 k_{sy} + 2.8644 \times 10^{-4} f_y^{-0.3263} f_b^{-0.3264} f_s^{1.7856} + 6.11 k_{qb}$$

根据配套类复杂特殊产品硬件系统的构成情况，将配套类复杂特殊产品分解成：发动机及辅助系统，传动、行动和操纵装置，车体和防护，电气通信设备，特殊装置，排水装置及附件 6 个部分，分别建立费用模型，最终求和得到整个配套类复杂特殊产品的采购费的预测模型为：

$$c_p = 0.00469 d^2 - 1.758 d + 178 + 2.108 \times 10^{-10} d^{1.875} v_y^{4.0609} + 14.69 w^2 -$$
$$392.4 w + 2626 = 3.31 k_{dt} + 0.9064 d_f^{1.4109} + 1.31 k_{sj}$$

7. 对复杂特殊产品使用与保障费的工程估算法及模型进行了研究，给出了使用费用和维修费用工程估算法及模型，阐述了报废处置经验模型。选择具有典型代表性的 A 型产品进行寿命周期费用预测实证研究，分别对 A 型产品单个产品和成建制寿命周期费用进行预算。首先以 50 年为寿命周期，计算寿命周期费用，然后每隔 5 年计算一次寿命周期费用，最后对结果进行分析，找出内在的规律。从分析可以看出，就 A 型产品的各阶段比例而言，论证与研制费明显偏低，而且使用与保障费所占的比重明显偏大，尤其是维修随着复杂特殊产品的复杂程度的加大，基本达到了寿命周期费用的50%，究其根本原因则在于复杂特殊产品的可靠性问题。因此，适当加大论证与研制费的力度，提高复杂特殊产品的可靠性水平，是合理控制复杂特殊产品寿命周期费用的有效途径。通过对单个 A 型产品使用期 25～70 年的不确定性分析，可以看出使用与保障费是逐年增长的，当使用期在 50 年左右时，其使用与保障费基本等于 25～70 年使用与保障费的均值，而且当使用期超过 50 年以后，使用与保障费上涨的幅度明显加大。因此，可以初步地确定 50 年为 A 型产品的经济使用期。

二、本文的特色及创新

1. 构建了一套科学实用的复杂特殊产品寿命费用结构体系，形成了完整的寿命周期费用预算分析方法。在借鉴和继承以往研究成果的基础上，依据寿命周期费用分析理论，在广泛调查、收集和整理各种费用信息的基础上，提出一套科学实用的寿命周期费用结构体系。充分考虑了费用的时间特性，首次把产品物价指数和动态费用应用到复杂特殊产品的寿命周期费用分析预测中，在对复杂特殊产品寿命周期中各个阶段主要费用因子的灵敏度分析的基础上，建立了论证与研制费、采购费、使用与保障费等阶段中主要费用单元的预算模型，形成了一整套完整的寿命周期费用预算分析方法。

2. 构建了复杂特殊产品研制费用预测模型。鉴于复杂特殊产品研制费用对寿命周期费用的决定作用，在充分调研和深入分析的基础上，确定了影响复杂特殊产品研制的 7 个主要费用因子，提出了估算和预测复杂特殊产品研制费用模型，突破了以往主要按照重量确立费用的传统做法，并对研制费用数据收集和基于挣值管理的研制费用控制问题进行了深入研究。

3. 首次提出了复杂特殊产品采购费用指标估算法。以往对于复杂特殊产品的定价和估价都是采用传统的成本加 5% 得利润的方法，本文根据掌握的大量数据和对复杂特殊产品的深入了解，把主产品类复杂特殊产品分为 9 大部分，把配套类复杂特殊产品分为 9 大部分，并分别建立与本部分重要技术指标相关联的费用预算模型，对于新型复杂特殊产品在论证阶段预估将来的产品价格，预先安排采购费用具有非常重要的意义，更重要的是复杂特殊产品寿命周期费用的预测为服务外包项目的选择和定价提供重要的依据。

三、本文研究的局限性和需进一步研究的问题

由于作者收集的数据有限，因此使模型的准确性打了折扣；在复杂特殊产品研制费建模过程中，信息化程度也是关键因子之一，但缺乏必要的数据支撑，需在今后的研究中补充完善；使用及保障费用受到资料限制，研究得不深入、不透彻；报废处置费的模型缺乏相应的数据支撑，尚不够准确。

参考文献

［1］熊亮．基于主成分分析的后勤装备寿命周期费用权衡［J］．军事经济研究，2012（3）：43－45．

［2］米裕，贺波．挣值管理在装备寿命周期费用控制中的应用［J］．火力与指挥控制，2011，3（10）：186－188．

［3］刘增勇，李伟，等．基于 VE 的车辆装备寿命周期费用分析研究［J］．军事交通学院学报，2009，11（5）：48－51．

［4］沈建明．中国国防项目管理知识体系［M］．北京：国防工业出版社，2006．

［5］DOE G430.1－1,COST ESTIMTING GUIDE,U.S. DEPARTMENT OF ENERGY,March1997．

［6］Joint Government/Industry Initiative,Sponsored by DOD. Parametric Cost Estimating Handbook. Fall 1995．

［7］U.S . Army Cost and Economic Analysis Center. Cost Analysis Manual. May 2002．

［8］NASA Cost Estimating Community. NASA Cost Estimating Handbook－2002,Spring,2002．

［9］Nick Bird,Loss of Growth and Cost Estimation Method,2001．

［10］PB99－114356/HDM. Life－Cycle Cost Analysis in Pavement Design：In Search of Better Investment Decision,1999．

［11］WINSTON HARRINGTON, RICHARD D. Morgensterm,Peter Nelson. On the Accuracy of Regulary Cost Estimates. January 1999．

［12］宋新民．开展全寿命费用分析搞好雷达装备设计与保障［J］．电子机械工程，1999（6）：9－12.

［13］梁振兴，吴惠忠，游光荣，李伯亭．对我国武器装备研制费用估算现状的分析及改进建议［J］．中国国防科技信息，1997（6）：31－34.

［14］JOHN W. LEWIS. THAAD Radar：Examination of a Cost Saving Initiative：Thesis for Degree. Naval Postgraduate School,USA. 1999. 3.

［15］RONALD R. A CAIV Methodology for Warfare Area Requirements Allocation. Proceedings of No. 66 MORS SylnPosium. June1998.

［16］DON GADDIS. A Implementation of Cost as An Independent Variable：anAIM9X case study：Thesis for master：Thesis for Degree. Naval Postgraduate School USA. 1998. 12.

［17］R. J HARTNETT D. R. MITTLESTEADT. Joint Strike Fight Modeling and Simulation：The Continuing Evolution. American Institute of Aeronautics & Astronautic or Published with Permission of Author(s) and/or Author(s)，Sponsoring Organization. 2000.

［18］费用作为独立变量（CAIV）发展综述．http：//www. cetin. net. cn/ storage/cetin2/ QRMS/ztzsbzll. Pdf.

［19］E. C. ALDREDGE. The Under Secretary of Defense Memorandum：CAIV and Spiral Development Implementation Plans. Under Secretary of Defense,Defense Pentagon，2002. l. httP：//ve. ida. org/rtoe/oPe 川 Pdfs/020llg CAIVesSPiralDevMemo. Pdf.

［20］Office of the Secretary of Defense. Cost as an Independent Variable，CAIV Templates － For Official Use only. Washington：Department of Defense，2002. 3.

［21］MICHAEL A KAYE, MARK S SOBOTA. Cost As an Independent Variable Principles and Implementation. AIAA Space Technology Conference & ExPosition. 1999.

［22］HENRY APGAR. Cost as an Independent Variable（CAIV）：a process and methodology to acquire and operate an affordable system by setting aggressive Life – Cycle – Cost targets and trading off performance, Cost, and Schedule. American Institute of Acronautics & Astronautics or Published with Permission of Author(s) and/or Author(s), Sponsoring organization. 2001.

［23］MARC LEWIS. Integrating Cost As an Independent Variable Analysis with Evolutionary Acquisition – A Multiattribute Design Evaluation. Ohio：Defense Acquisition University Acquisition for Technology and Logistics,2003. 3.

［24］MICHAEL BOUDREAU,SENIOR LECTURER. Using Cost as an Independent Variable(CAIV) to Reduce Total ownership Cost. Monterey, Califomia：Naval Postgraduate Sehool. 2006. 1

［25］黄训江，侯光明. 基于 CAIV 的公共基础设施投资管理理论研究 ［J］. 商业研究，2006（2）：77 – 80.

［26］THOMAS E. HERALD. Technology Refreshment Strategy and Plan for Application in Military Systems – A " How – To System Development Process" and Linkage with CAIV. 0 – 7803 – 6262 – 4/00/2000IEEE. 729 – 736.

［27］BLANCHARD B S. Logistics Engineering and Management,5th Edition. Prentice – Hall Intemational. Inc. 1998.

［28］RONALD LUMAN. Quantitative Decision Support for Upgrading Complex systems of systems：Thesis for Degree. The School of Engineering and Applied science of the George Washington University. 1997.

［29］DAVE BRODEN, PETE GILLES. Assuring Advanced Small Arms System Value Utilizing Cost As An Independent Viable（CAIV）. Proceedings from the 2001 Joint Services Small Arms Symposium, Exhibition & Firing Demonstration. 2001.

［30］PHILIP ARDANUY, CARL SCHULER, SHAWN MILLER. Use of CAIV Techniques to Build Advanced VIIRS Approaches for NPOESS Key EDR. Proceedings of SPIE,Earth Observing systems VII,Vol4814,2002:142 – 151.

[31] HONGMAN KIM, JAMES MULLINS, SCOTT RAGON. A Parallel Trade Study Architecture for Design Optimization of Complex Systems. Austin, Texas:46th AIAA/ASME /ASCE/AHS/ASC Structures, Structural Dynamics & Materials Conference,2005. AIAA2005 – 2201.

[32] JIANG HUA,ZENG QING LIANG,XIONG GUANG LING. Methodology and Technology for Design to Cost. Beijing:Tsinghua Science and Technology, Vol. 6,No. 1,2001.

[33] 李晓斌，解红雨，青龙，等．高压强固体火箭发动机性能/成本优化设计 [J]．固体火箭技术，2004，27（1）：16 – 19.

[34] 杨青，汪亮，叶定友．基于多目标遗传算法的固体火箭发动机面向成本优化设计 [J]．固体火箭技术，2002，25（4）：16 – 20.

[35] 郭会中，刘汉荣，王永利，等．构建我军武器装备限费设计模式新议 [J]．装备指挥技术学院学报，2004，15（4）：27 – 31.

[36] 吕建伟，陈霖．舰艇设计的费用限额确定方法探讨 [J]．舰船科学技术，2003，25（5）：90 – 92.

[37] 张晓春，武器装备全寿命周期费用研究 [D]．南京：南京理工大学，1997.

[38] 彭跃春，飞机全寿命费用预测参数模型研究 [D]．西安：西北工业大学，2002.

[39] 刘晓东，张恒喜．飞机可靠性与研制费用相关关系研究 [J]．空军工程大学学报：自然科学版，2002（1）：63 – 66.

[40] 张晓春，刘将军，韩玉启．军用装备可靠性与费用的参数估算方法 [J]．现代雷达，2003（9）：51 – 53.

[41] 高尚．可靠性与维修性指标综合权衡 [J]．系统工程与电子技术，1998（10）：78 – 80.

[42] 郭风，张恒喜，李寿安，等．基于偏最小二乘回归的飞机维修保障费用预测 [J]．空军工程大学学报：自然科学版，2005，6（3）：10 – 15.

［43］杨宇航，黄晓云．基于遗传算法的装备维修费用优化分配理论及优化方法研究［J］．数学的实践与认识，2004，34（2）：76－84.

［44］JAMES ROBLES, IVAN STRAZNICKY. A System Level View of Avionics/Vetronics Cooling Options for Harsh Environment Two － Level Maintenance Systems. 20th IEEE SEMI － THERM SymPosium. 2004：12－18.

［45］HENRY APGAR. CAIV AND PARAMETRICS. ISPA southern California Chapter Workshop,2001. httP：//www. ispa － cost. org/CAIV_Parametrics. pdf.

［46］DAVID HENNINGSEN. Cost as An Independent Variable Implementation Issues：Thesis for Degree. Naval Postgraduate School, Califomia, U. S. 1997. 77－81.

［47］MICHAEL W. BOUDREAU, BRAD R. NAEGLE. Total Ownership Cost Considerations in Key Performance Parameters and Beyond. Defense Acquisition Review Journal,2005(1)：109 － 121.

［48］R. J. HARTNETT, D. R. MITTLESTEADT. Joint Strike Fighter Modeling and Simulation：The Continuing Evolution. Reston, VA：AIAA Modeling and Simulation Technologies Conference,2000. 8.

［49］JOHN F. CORBETT. An Identification and Discussion of Key Success Factors in the Acquisition of Commercial － off － the － shelf(Cost －) Based System：Thesis for Degree. Air University USA. 2001. 3.

［50］王创，王毓兰．SBA 的创新与发展［J］．飞航导弹，2004（2）：14－18.

［51］张宇，王强．经济可承受性和限费设计［J］．http：//www. cmaintop. org. cn/uploadfiles/ jjikechenshouxing. pdf.

［52］Department of Defense, Defense Acquisition University, Risk Management Guide for DoD Acquisition（Fifth Edition）,2003. 6.

［53］DODD5000. 1, the Defense Acquisition System, October 23, 2000.

［54］中国人民解放军中央军事委员会．中国人民解放军装备采购条例,2002.

［55］刘晓春，陈英武．价值工程在武器装备寿命周期费用控制中的运用研究［J］．价值工程，2006（10）：54－56.

［56］李向荣，郭广生．武器装备寿命周期费用估算方法研究［J］．科学导报，2008，26（15）：84－88.

［57］何金柱．市场经济条件下实施装备全寿命费用管理模式的研究［D］．北京：北京航空航天大学，2002.

［58］刘洁．武器装备采办风险管理研究［D］．北京：北京大学，2003.

［59］李一军，王兆耀．卫星成本风险分析与评估［J］．高技术通信，2001（3）：78－81.

［60］郭静，陈英武，等．模糊ISM在武器装备采办费用风险分析中的应用［D］．中国系统工程学会会议论文，2004.

［61］郭宇，刘尔烈．应用蒙特卡罗方法改进项目成本风险分析［J］．天津大学学报，2002，35（2）：199－202.

［62］王英磊，徐哲．大型工程项目进度——费用联合风险分析［J］．北京航空航天大学学报：社会科学版，2000，13（4）．

［63］刘华．大型工程项目成本风险管理研究［D］．长沙：中南林学院，2005.

［64］施建荣，钱军．舰船装备寿命周期费用控制与管理［J］．船舶工程，2003，25（2）：60－63.

［65］吕建伟，陈霖，郭庆华．武器装备研制的风险分析和风险管理［M］．北京：国防工业出版社，2005.

［66］刘国庆．航天装备采购费用估算方法优化与应用研究［D］．北京：装备指挥技术学院，2005.

［67］孟科，张博．基于灰色建模方法的装备寿命周期费用预测［J］．火力与指挥控制，2011，36（12）：79－81.

［68］魏强，韩朋林．装备财务与价格管理专题研究［M］．湖北：湖北人民出版社，2005.

［69］程世辉，戚君宜．导航装备寿命周期费用分析［J］．火力与指挥控制，2009，34（12）：90－92.

［70］赵湛忠，侯倩．武器装备寿命周期费用估算方法浅析［A］．中国系统工程学会决策科学专业委员第八届学术年会论文集，2009.

［71］孙栋．武器装备全寿命费用宏观预测与控制研究［D］．西安：西北工业大学，2007.

［72］唐国平．航天企业成本控制变革问题研究［J］．中国航天，2006（12）：13－16.

［73］防务系统管理学院．风险分析与管理指南［M］．原国防科工委军用标准化中心，译．北京：宇航出版社，1992.

［74］防务系统管理学院．国防采办风险管理［M］．原国防科工委军用标准化中心，译．北京：宇航出版社，1992.

［75］辜希，等．美国武器装备采办要览［M］．北京：航空工业出版社，2004.

［76］沈国柱．武器装备全寿命周期的风险估计方法［J］．科研管理，2000，21（1）：26－46.

［77］李忠民，汤淑春．武器装备采办风险管理评价指标体系研究［J］．军事运筹与系统工程，2005，19（2）：63－66.

［78］陶志穗．层次分析法、效益分配、幻方［J］．数学中国—数学建模矩阵工作室，2005（8）．

［79］岳凡．型号研制项目风险评估模型与应用［D］．北京：装备指挥技术学院，2005.

［80］周建设，闫作剑．基于成本控制的装备采办比较及对我军的启示［J］．军事经济学院学报，2007（1）：86－89.

［81］徐安德．武器系统全寿命周期费用控制和管理的研究［J］．导弹与航天运载技术．2002（6）：56－59.

［82］吴海翔，郑绍钰．关于我军装备改造的几点思考［J］．国防技术基础，2006（5）：36－37.

［83］张代平，等．国外采办管理重大改革及走向研究［R］．北京：中国国防科技信息中心，2002.

［84］总装备部采购制度改革研究课题组．装备采购制度改革总体方案论证研究［R］．2003.

［85］BIERY. F, D. HUDAK AND S. GUPTA, Improving Cost Risk Analysis. The Journal of Cost Analysis, 1994. 3.

［86］HULETT. D. T. Project Cost Risk Assessment, Los Angeles. CA：Hulett & Associates, CA, 1994.

［87］谭云涛．武器装备费用性能与 RMS 综合优化设计方法研究［D］．北京：国防科技大学，2007.

［88］刘鹏，董振旗，屈岩，吴小海．武器装备系统寿命周期费用分析及优化模型［J］．四川兵工学报，2012，33（5）：15－17.

［89］李亚珂．基于类比估算法的寿命周期费用控制方法［J］．内江科技，2008（9）：18－19.

［90］王焱，赵祥君，等．军用越野汽车寿命周期费用研究［J］．军事交通学院学报，2005，7（1）：49－53.

［91］梁庆红，宋保卫，李俊．鱼雷武器系统寿命周期费用与效能评估的模糊理想点法［J］．兵工学报，2006，27（1）：137－140.

［92］沈雪石，陈英武．基于模糊理论的软件寿命周期费用评价模型［J］．模糊系统与数学，2007，21（1）：45－49.

［93］李红霞．再造发动机寿命周期费用分析［J］．现代制造工程，2006（11）：77－79.

［94］梁庆卫，宋保维．鱼雷灰色寿命周期费用模型［J］．弹箭与制导学报，2006，27（1）：244－249.

［95］刘彬，李先龙．武器装备 LCC 分析的基本原理［J］．火力与指挥控制，2009，34（11）：180－182.

［96］麦克·吉多，詹姆斯 P. 克莱门斯．成功的项目管理［M］．张金成，译．北京：机械工业出版社，2005.

［97］于向军，王伟海．武器系统费用分析的发展现状及对策建议［J］．军事经济研究，2012（1）：50－52．．

［98］沈建明．国防高科技项目管理概论［M］．北京：机械工业出版社，2004．

［99］陈玉波，张柳．产品LCC估算模型研究及仿真分析［J］．计算机仿真，2005，22（9）：73－75．

［100］梁庆卫，宋保维．武器系统模糊寿命周期费用模型［J］．火力与指挥控制，2006，31（11）：45－47．

［101］孙亮．武器装备研制过程中的CAIV方法研究［D］．北京：国防科技大学，2005．

［102］姜贤良，张伟超，张子书．建立武器装备全寿命投资机制探讨［J］．军事经济研究，2009（11）：38－41．

［103］马国丰，尤建新，杜学美．项目进度的制约因素管理［M］．北京：清华大学出版社，2007．

［104］陈文钢，梁工谦．基于LCC评估的武器装备定价决策支持系统［J］．火力与指挥控制，2008，33（1）：107－111．

［105］刘彬，李先龙，张英波．LCC分析在火炮装备发展中的应用［J］．兵工自动化，2008，27（6）：29－31．

［106］孙本海．炮兵装备费用估算方法的研究与实现［D］．国防科学技术大学，2002．

［107］AlanWebb．项目经理指南——项目挣值管理的应用［M］．戚安邦，熊琴琴，吴秋菊，译．天津：南开大学出版社，2005．

［108］石卫平，才华．对航天大型号项目实施战略成本管理的思考［J］．航天工业管理，2007（3）：17－21．

［109］陈彦，陈军．航天军工科研单位成本费用内部控制研究［J］．军事经济研究，2007（2）：51－53．

［110］曲东才．大型武器装备的全寿命周期费用分析［J］．航空科学技术，2004（5）：27－30．

[111] 刘士新. 项目优化调度理论与方法 [M]. 北京：机械工业出版社，2006.

[112] 刘光军，柯宏发. 基于灰色 VERHULST 优化模型的装备研制费用高精度预测 [J]. 军事运筹与系统工程，2011，25（4）：52－56.

[113] 魏强，韩朋林. 装备财务与价格管理专题研究 [M]. 武汉：湖北人民出版社，2005.

[114] 王晖，张箭，韩冰. 挣值管理在国防重大项目中的应用 [J]. 军事经济研究，2005（12）：65－66.

[115] 方松，等. 大型武器采办项目赢得值分析方法与应用 [J]. 军事经济学院学报，2005（2）：30－33.

[116] 崔小宁，薛勇，等. 挣值法在装备采办成本和进度控制中的应用研究 [J]. 装备指挥技术学院学报，2005，16（16）：31－34.

[117] 王发源，郑永考. 武器装备成本管理的"盲点" [J]. 军事经济研究，2004（12）.

[118] 胡会芳，汤长俊，潘玉田. 武器系统研制成本分析 [J]. 机械管理开发，2007（8）：87－89.

[119] 林银海. 实获值原理在太钢——BOC 空分项目进度和费用控制中的应用 [D]. 长春：吉林大学，2005.

[120] 胡毅. 建设项目管理信息系统进度费用控制子系统的设计 [D]. 武汉：武汉理工大学，2003.

[121] 国防采办管理评估 [N]. 崔小宁，编译. 总后物资油料站网站，2008.

[122] Department of Defense Defense Systems Management College Acquisition Policy Department. DSMC － Glossary Defense Acquisition Acronyms and Terms. Fort Belvoir, Virginia：Defense Acquisition University Press. 2009. 1.

[123] PMI Standard Committee. A Guide to The Project Management Body of Knowledge. PMI Standard Committee, USA, 2000.

[124] Kokoskie, Greg. A Comparison of Critical Chain Project Management

(CCPM) Buffer Sizing Techniques [D]. George Mason University,2007.

[125] Herman Steyn. An investigation into the fundamentals of critical chain project scheduling[J]. International Journal of Project Management,2000.

[126] Mandyam Srinvasan, Darren Jones, Alex Miller. Applying theory of constraints principles and lean thinking at the marine corps maintenance center [R],2008.

[127] S. G. Taylor. Quantifying buffers for project schedules [J], Production and Inventory Management Journal, 1999,40 (2) [88] Gary L. Miller. Critical Chain Project Management Applied to the Development of Space Systems [J]. Long Beach,Califonia,2005.

[128] W. Herroelen, R. Leus. On the merits and pitfalls of critical chain scheduling [J], Journal of Operations Management,2011(19).

[129] Greg , Kokoskie. A Comparison of Critical Chain Project Management (CCPM) Buffer Sizing Techniques [D]. George Mason University, 2009. 12.

[130] 高世光. 武器装备费用估算的一般程序 [J]. 军事经济研究, 2004 (8): 30 – 33.

[131] 梁庆卫, 宋保维. 武器系统寿命周期费用建模主成分方法 [J] . 系统仿真学报, 2005, 17 (1): 63 – 65.

[132] 徐玉志, 马开权. 基于模糊动态层次分析法的军车全寿命费用模型 [J]. 后勤工程学院学报, 2009, 25 (5): 93 – 96.

[133] SCHOENUNG, S. M., HASSENZAHL, W. V. LONG – VS. Short – term energy storage technologies analysis – A life – cycle cost study [R]. California: Sandia National Laboratories, 2003.

[134] IBRAHIM,H., LLINCA, A., PERRON, J. Energy storage systems – characteristics and comparisons [J]. Renewable and Sustainable Energy Reviews, 2008, 12(5): 1221 – 1250.

[135] MAKAROV, Y. V., YANG, B., DESTEESE, J. G., LU, S., MILL-

ER, C. H. , NYENG, P. , MA, J. , HAMMERSTROM, D. J. , VISWANATHAN, V. V. Wide – Area energy storage and management system to balance intermittent resources in the Bonneville Power Administration and California ISO Control Areas [R]. Washington: Pacific Northwest National Laboratory, 2008.

[136] HALL, P. J. , BAIN, E. J. Energy – storage technologies and electricity generation [J]. Energy Policy, 2008, 36(12): 4352 – 4355.

[137] CHEN, H. , CONG, T. N. , YANG, W. C. , TAN, Y. , LI, DING, Y. Progress in electrical energy system: A critical review [J]. Progress in Natural Science, 2009, 19(3): 291 – 312.

[138] YANG, B. , MAKAROV, Y. , DECEASE, J. , VISWANATHAN, V. , NYENG, P. , MCMANUS, B. , PEASE, J. On the use of energy storage technologies for regulation services in electric power systems with significant penetration of wind energy [C]. Lisbon: IEEE Xplore, 2008, 1 – 6.

[139] HADJIPASCHALIS, I. , POULLIKKAS, A. EFTHIMIOU, V. Overview of current and future energy storage technologies for electric power applications [J]. Renewable and Sustainable Energy Reviews, 2009, 13(6 – 7): 1513 – 1522.

[140] CHACRA, F. A. , BASTARD, P. , FLEURY, G. , CLAVREUL, R. Impact of energy storage costs on economical performance in a distribution substation [J]. IEEE TRANSACTIONS ON POWER SYSTEMS, 2005, 20(2): 684 – 691.

[141] LE, H. T. , NGUYEN, T. Q. Sizing energy storage systems for wind power firming: An analytical approach and a cost – benefit analysis [C]. Pittsburgh: IEEE Xplore, 2008, 1 – 8.

[142] KINTNER – MEYER, M. , ELIZONDO, M. , BALDUCCI, P. , VISWANATHAN, V. , JIN, C. , GUO, X. , NGUYEN, T. , TUFFNER, F. Energy storage for power systems applications: A regional assessment for the northwest power pool [R]. Washington: Pacific Northwest National Laboratory, 2010.

[143] CHEUNG, K. , CHEUNG, S. , SILVA, R. , JUVONEN, D. M. ,

SINGH, R., WOO, J. Large – scale energy storage systems［R］. London：Imperial College London, 2002/2003.

［144］CARRERA, D. G., MACK, A. Sustainability assessment of energy technologies via social indicators：Results of a survey among European energy experts［J］. Energy Policy, 2010, 38(2)：1030 – 1039.

［145］ASSEFA, G., FROSTELL, B. Social sustainability and social acceptance in technology assessment：a case study of energy technologies［J］. Technology in Society, 2007, 29(1)：63 –78.

［146］Electricity Storage Association［EB/OL］. http：//www. electricitystorage. org/ESA/home/, 2009 – 4 – 1/2010 – 12 –6.

［147］周林, 王君. 军事装备管理预测与决策［M］. 北京：国防工业出版社, 2007.

［148］徐哲, 武器装备项目进度、费用与风险管理［M］. 北京：国防工业出版社, 2011.

后 记

本书得以完成，首先要感谢我的导师黄鲁成教授和北京联合大学管理学院信电系的教学团队。本书内容的核心部分，来自本人博士在读期间的研究成果，没有黄老师的悉心指导和亲切关怀，是不能顺利完成论文的，他严谨的治学态度和认真负责的工作作风，深深地影响和鼓励着我，不断探索和积极创新；同时非常感谢单位领导和同事在我论文写作过程中给予的真诚帮助，导师的教诲和同事的帮助使自己的思路大有拓展，在专业知识，以及做人、做事上都有很大的提升，受益颇深。

其次要真诚感谢北京工业大学经管学院的各位老师，特别是要感谢韩福荣教授、张永安教授、阮平南教授和蒋国瑞教授；中国北方车辆研究所的毛明首席专家，装甲兵装备技术研究所的郭广生高级工程师。还要衷心感谢北京工业大学的李欣博士，北京工业大学的李剑博士以及师弟师妹们，他们给予了我极大的帮助。

最后更要感谢北京联大学管理学院各位领导的指导和关怀，信电系领导和同人给予的支持和帮助。

由于作者学识有限，本书可能存在一些错误或者不当之处，恳请各位专家、读者给予批评指正。另外，在本书写作过程中，引用了许多专家和学者的研究成果和文献资料，由于本书篇幅有限，一些资料来源不能一一列出，敬请谅解！

常金平

2015 年 6 月于北京联合大学管理学院